Psychologie des Traumas durch sexuellen Missbrauch

Der Makellose Dave

Inhaltsverzeichnis

Teil 1: Einführung

Definition von sexuellem Missbrauch

Gesetzliche Definitionen

OMit der Zeit wurde die rechtliche Definition des sexuellen Missbrauchs erweitert und umfasst nun ein breiteres Spektrum an Handlungen. Moderne Rechtssysteme erkennen die Notwendigkeit eines breiten Verständnisses an, das eine Reihe nicht einvernehmlicher sexueller Handlungen umfasst, die zuvor auf bestimmte Kriterien beschränkt waren.

Historischer Kontext: Untersuchen Sie, wie sich die Gesetze zu sexuellen Übergriffen im Laufe der Zeit entwickelt haben, von veralteten Ideen zu modernen Definitionen. Heben Sie wichtige Gerichtsurteile und rechtliche Wendepunkte hervor, die unser heutiges Denken geprägt haben.

Gesetze und Verordnungen bestimmen häufig die rechtlichen Definitionen sexueller Übergriffe. Die Formulierungen sind sorgfältig gewählt, um rechtliche Klarheit zu schaffen und gleichzeitig eine Vielzahl von Aktivitäten einzubeziehen.

Gesetzliche Bestandteile: Analysieren Sie die wesentlichen Elemente rechtlicher Definitionen. Geben Sie Definitionen für Begriffe wie Handlungsunfähigkeit, Einwilligung und Gewalt. Sprechen Sie über die Art und Weise, wie Rechtssysteme mit der Frage der Einwilligungsfähigkeit umgehen.

Schweregrade von Straftaten: Untersuchen Sie, wie Sexualstraftaten in Rechtssystemen nach ihrer Schwere eingeteilt werden. Unterscheiden Sie zwischen verschiedenen Schweregraden sexueller Übergriffe, indem Sie Elemente wie den Grad der Gewalt, die Art der Verbindung zwischen den Opfern und das Vorhandensein erschwerender Umstände berücksichtigen.

Trotz aller Verbesserungen kann es für die rechtlichen Definitionen noch immer schwierig sein, mit den gesellschaftlichen Veränderungen Schritt zu halten und das gesamte Spektrum nicht einvernehmlichen Verhaltens zu erfassen.

Interpretation und Mehrdeutigkeit: Betrachten Sie Situationen, in denen Rechtsbegriffe unterschiedlich interpretiert werden könnten. Sprechen Sie über die Schwierigkeiten im Umgang mit neuen Formen sexueller Übergriffe, wie etwa die Probleme, die durch Technologie und Cyberkriminalität entstehen.

Zustimmungsdynamik: Erkunden Sie mit diesem Kurs zur Zustimmungsdynamik die Nuancen der Zustimmung in rechtlichen Zusammenhängen. Sprechen Sie über ausdrückliche Zustimmung und die Schwierigkeiten, vor Gericht eine Nichteinwilligung festzustellen.

In verschiedenen Rechtssystemen gibt es recht unterschiedliche Definitionen von sexueller Nötigung. Es ist wichtig, diese globalen Sichtweisen zu verstehen, um Interessenvertretung und internationale Zusammenarbeit zu fördern.

Vergleichende Analyse: Erklären Sie, wie andere Länder sexuelle Übergriffe definieren und handhaben. Machen Sie auf die wichtigen Unterschiede und Überschneidungen aufmerksam und betonen Sie die Notwendigkeit einer einheitlichen weltweiten Strategie.

Rechtliche Standards sind wichtig, um Verantwortung nachzuweisen. Sie sind aber auch sehr wichtig, um Überlebenden Handlungsfreiheit zu geben. Untersuchen Sie, welche Rolle rechtliche Rahmenbedingungen in einer überlebendenzentrierten Justiz spielen.

Opferzentrierte Ansätze: Sprechen Sie über Programme und Gesetzesänderungen, bei denen die Bedürfnisse der Überlebenden an erster Stelle stehen. Betonen Sie den Wert von Opferhilfeprogrammen und gerichtlichen Maßnahmen, die Traumata berücksichtigen. Erkunden Sie die Nuancen der Einwilligung in rechtlichen Zusammenhängen mit diesem Kurs über Einwilligungsdynamiken. Sprechen Sie über ausdrückliche Einwilligung und die Schwierigkeiten, Nichteinwilligung vor Gericht nachzuweisen.

In verschiedenen Rechtssystemen gibt es recht unterschiedliche Definitionen von sexueller Nötigung. Es ist wichtig, diese globalen Sichtweisen zu verstehen, um Interessenvertretung und internationale Zusammenarbeit zu fördern.

Vergleichende Analyse: Erklären Sie, wie andere Länder sexuelle Übergriffe definieren und handhaben. Machen Sie auf die wichtigen Unterschiede und Überschneidungen aufmerksam und betonen Sie die Notwendigkeit einer einheitlichen weltweiten Strategie.

Rechtliche Standards sind wichtig, um Verantwortung nachzuweisen. Sie sind aber auch sehr wichtig, um Überlebenden Handlungsfreiheit zu geben. Untersuchen Sie, welche Rolle rechtliche Rahmenbedingungen in einer überlebendenzentrierten Justiz spielen.

Opferzentrierte Ansätze: Sprechen Sie über Programme und Gesetzesänderungen, bei denen die Bedürfnisse der Überlebenden an erster Stelle stehen. Betonen Sie den Wert von Opferhilfeprogrammen und gerichtlichen Maßnahmen, die Traumata berücksichtigen. Erkunden Sie die Nuancen der Einwilligung in rechtlichen Zusammenhängen mit diesem Kurs über Einwilligungsdynamiken. Sprechen Sie über ausdrückliche Einwilligung und die Schwierigkeiten, Nichteinwilligung vor Gericht nachzuweisen.

In verschiedenen Rechtssystemen gibt es recht unterschiedliche Definitionen von sexueller Nötigung. Es ist wichtig, diese globalen Sichtweisen zu verstehen, um Interessenvertretung und internationale Zusammenarbeit zu fördern.

Vergleichende Analyse: Erklären Sie, wie andere Länder sexuelle Übergriffe definieren und handhaben. Machen Sie auf die wichtigen Unterschiede und Überschneidungen aufmerksam und betonen Sie die Notwendigkeit einer einheitlichen weltweiten Strategie.

Rechtliche Standards sind wichtig, um Verantwortung nachzuweisen. Sie sind aber auch sehr wichtig, um Überlebenden Handlungsfreiheit zu geben. Untersuchen Sie, welche Rolle rechtliche Rahmenbedingungen in einer überlebendenzentrierten Justiz spielen.

Opferzentrierte Ansätze: Sprechen Sie über Programme und Gesetzesänderungen, bei denen die Bedürfnisse der Überlebenden an erster Stelle stehen. Betonen Sie den Wert von Opferhilfsprogrammen und juristischen Maßnahmen, die das Trauma berücksichtigen.

Gesellschaftliche Perspektiven

Das Tabu, das sexuelle Übergriffe umgibt, hält in vielen Ländern Überlebende davon ab, sich zu offenbaren. Geschlechterrollen, Sexualität und kulturelle Normen, die Opfer beschuldigen, können den Schmerz der Überlebenden verstärken, indem sie ein Klima der Scham und des Schweigens schaffen.

Intersektionalität: Es ist wichtig, die Intersektionalität von Identitäten anzuerkennen. Die gesellschaftlichen Standpunkte müssen berücksichtigen, wie Rasse, Klasse, Geschlechtsidentität und sexuelle Orientierung die Erfahrungen der Überlebenden beeinflussen. Es ist entscheidend, diese Komplexität anzuerkennen, um Inklusion und Verständnis zu fördern.

Die Art und Weise, wie die Gesellschaft sexuelle Übergriffe betrachtet, wird stark von den Medien beeinflusst. Die Art und Weise, wie sexuelle Gewalt in Filmen, Fernsehsendungen und Nachrichtenquellen dargestellt wird, beeinflusst, wie die Menschen ihre Dynamik, Verbreitung und Folgen wahrnehmen. Diese Darstellungen tragen zum kollektiven Bewusstsein bei.

Stereotypen und Mythen: Die Medien verbreiten häufig falsche Informationen über sexuelle Übergriffe, darunter auch Stereotypen. Diese Unwahrheiten können dazu führen, dass Opfer beschuldigt werden, schädliche

Narrative unterstützt werden und Hindernisse für Verständnis und Empathie entstehen.

Auswirkungen auf die öffentliche Meinung: Die Art und Weise, wie Fälle sexueller Gewalt in den Medien dargestellt werden, kann Auswirkungen auf die Meinung der Öffentlichkeit über Opfer und Täter haben. Es ist wichtig, die Rolle der Medien bei der Aufdeckung falscher Darstellungen und der Förderung einer informierten und fürsorglichen Gesellschaft zu verstehen.

Die Arbeit des Rechts- und Justizsystems ist eng mit der gesellschaftlichen Einstellung zu sexuellen Übergriffen verknüpft. Die Art und Weise, wie das Justizsystem Fälle behandelt, die verwendete Terminologie und die Urteile in Gerichtsverfahren beeinflussen die Einstellung der Öffentlichkeit zu sexuellen Übergriffen.

Anzeige- und Verurteilungsraten: Niedrige Anzeige- und Strafverfolgungsraten können die Wahrnehmung der Häufigkeit und Schwere sexueller Übergriffe durch die Gesellschaft beeinflussen. Es ist wichtig, die Hindernisse zu verstehen, die Überlebende überwinden müssen, um Gerechtigkeit zu erlangen, wenn man Empathie und Gesetzesänderungen fördern möchte.

Sprache und Schuldzuweisung an Opfer: Die Art und Weise, wie Worte vor Gericht verwendet werden, kann die Sicht der Gesellschaft auf einen Fall beeinflussen. Es ist wichtig zu untersuchen, wie die juristische Sprache unbeabsichtigt Schuldzuweisungen an Opfer oder schädliche Stereotypen aufrechterhalten kann, um eine ermutigendere Atmosphäre für Überlebende zu schaffen.

Die gesellschaftlichen Ansichten zu sexuellen Übergriffen haben sich in den letzten Jahren geändert, teilweise aufgrund der Arbeit von Interessengruppen, Aktivisten und Überlebenden. Um zu untersuchen, wie sich die Narrative verändern und wie die Gesellschaft verständnisvoller und mitfühlender werden kann, ist es unerlässlich, die Rolle des Aktivismus zu verstehen.

Die # MeToo- Bewegung und ihre Auswirkungen: Die Kampagne hat maßgeblich dazu beigetragen, den Diskurs über sexuelle Übergriffe auf ein prominenteres Forum zu verlagern. Eine Untersuchung ihrer Auswirkungen auf gesellschaftliche Ansichten könnte Aufschluss darüber geben, ob es Raum für eine Veränderung der Gruppe gibt.

Aufklärung und Bewusstseinsbildung in der Gesellschaft: Bemühungen, die Gesellschaft über gesunde Beziehungen, Einwilligung und die Folgen sexueller Übergriffe aufzuklären, können die Wahrnehmung der Gesellschaft verändern. Die Untersuchung dieser Aufklärungsinitiativen hilft zu verstehen, wie Bewusstseinsbildung zu kulturellen Veränderungen führen kann.

Bedeutung des Verständnisses der Psychologie des Traumas

Auswirkungen auf Einzelne und die Gesellschaft

Opfer sexueller Gewalt leiden häufig unter schweren psychischen Folgen, die lange nach dem schrecklichen Vorfall anhalten. Diese Auswirkungen, die eine breite Palette von Gefühlen und mentalen Reaktionen umfassen, beeinflussen die psychische Gesundheit des Opfers auf komplexe Weise.

Posttraumatische Belastungsstörung (PTBS): Die Entstehung einer PTBS ist eine der am weitesten verbreiteten psychologischen Folgen. Übererregung, Vermeidungsverhalten, aufdringliche Erinnerungen und Albträume werden zu ständigen Begleitern der Betroffenen, bringen den Alltag durcheinander und verursachen Angst.

Angst und Depression: Nach einem sexuellen Übergriff nehmen Angst und Verzweiflung oft zu. Ein tiefes Gefühl der Hoffnungslosigkeit und Verzweiflung kann aus der emotionalen Belastung des Traumas und der anhaltenden Angst vor zukünftigen Schäden resultieren.

Sexuelle Übergriffe wirken sich auch auf Beziehungen über das Opfer hinaus aus: Sie untergraben das Vertrauen und verändern die Beziehungen der Opfer zu anderen Menschen.

Vertrauensprobleme: Die Vertrauensbasis wird zerstört, wenn bei einem sexuellen Übergriff persönliche Grenzen überschritten werden. Es kann für Opfer schwierig sein, anderen zu vertrauen, was es für sie schwierig macht, neue Verbindungen aufzubauen oder bereits bestehende aufrechtzuerhalten.

Herausforderungen der Intimität: Bei Opfern sexueller Gewalt kann sich die Einstellung zu ihrem eigenen Körper und ihrer Sexualität erheblich ändern. Intimität kann zu Ängsten führen und Überlebende können ein breites Spektrum an Gefühlen erleben, das von Furcht bis zu einem geschwächten Selbstwertgefühl reicht.

Sexuelle Übergriffe wirken sich nicht nur auf die psychische Gesundheit des Opfers, sondern auch auf sein allgemeines Wohlbefinden aus.

Folgen für die körperliche Gesundheit: Das Trauma eines sexuellen Übergriffs kann körperliche Gesundheitsprobleme wie Magen-Darm-Störungen oder anhaltende Schmerzen verursachen. Die komplexe Beziehung zwischen körperlicher und geistiger Gesundheit unterstreicht, wie sich sexuelle Übergriffe auf Menschen als Ganzes auswirken.

Bewältigungsmechanismen und Selbstverletzung: Überlebende können sich selbst verletzen oder ihr Leiden vorübergehend lindern, um die überwältigenden Gefühle zu bewältigen, die sie erleben. Um die zugrunde liegenden Gründe für dieses Verhalten anzugehen, ist es wichtig, diese Bewältigungsmethoden zu verstehen.

Sexuelle Übergriffe sind nicht nur eine persönliche Tragödie; ihre Auswirkungen wirken sich auf die gesamte Gesellschaft aus und sind Teil einer größeren Geschichte, die unsere gemeinsame Aufmerksamkeit erfordert.

Soziale Stigmatisierung und Schuldzuweisung an das Opfer: Die Art und Weise, wie die Gesellschaft mit sexuellen Übergriffen umgeht, kann den Schmerz der Opfer verschlimmern. Eine Kultur des Schweigens und der Ungerechtigkeit kann aufrechterhalten werden, wenn Menschen aufgrund von Stigmatisierung und Schuldzuweisung an das Opfer davon abgehalten werden, Fälle zu melden.

Auswirkungen auf Wirtschaft und Produktivität: Opfer sexueller Übergriffe können viele Lebensbeeinträchtigungen erleiden, darunter Auswirkungen auf ihre Arbeit, Ausbildung und allgemeine Produktivität. Es ist wichtig, diese gesellschaftlichen Auswirkungen zu verstehen, um unterstützende Arbeitsumgebungen und Richtlinien zu schaffen.

Das Schweigen brechen

In vielen Ländern herrscht eine Kultur des Schweigens über sexuelle Übergriffe. Dieses Schweigen, das auf sozialen Normen, Stigmatisierung und Angst beruht, nährt einen Teufelskreis der Verschleierung, der Opfer davon abhält, sich zu offenbaren und um die Hilfe zu bitten, die sie so dringend benötigen.

Stigma und Scham: Opfer sexueller Gewalt leiden häufig unter starken Schamgefühlen, die durch gesellschaftliche Stigmatisierung noch verstärkt werden. Eine Kultur des Schweigens ist das Ergebnis sowohl kultureller Normen, die dazu neigen, Opfern Schuld zuzuweisen, als auch der Angst, verurteilt zu werden.

Angst vor Rache: Überlebende haben möglicherweise Angst vor sozialen Reaktionen oder Rache der Täter, wenn sie sich zu Wort melden. Angst dient als weitere Rechtfertigung für die mangelnde Bereitschaft der Menschen, zu sprechen, und hält sie in einer schmerzhaften und isolierenden Schleife gefangen.

Um das Stigma sexueller Übergriffe zu beseitigen, müssen die Hindernisse beseitigt werden, die Überlebende daran hindern, ihre Geschichten zu erzählen. Um eine

Atmosphäre zu schaffen, in der sich Überlebende ermutigt fühlen, sich zu äußern, ist es wichtig, diese Hürden zu verstehen.

Kulturelle und gesellschaftliche Barrieren: Geschlechterstereotype, kulturelle Normen und gesellschaftliche Erwartungen können für Überlebende erhebliche Hindernisse darstellen. Um ein Umfeld zu schaffen, in dem sich Überlebende gehört und wertgeschätzt fühlen, müssen diese tief verwurzelten Vorstellungen in Frage gestellt werden.

Institutionelle Barrieren: Sowohl am Arbeitsplatz als auch in rechtlichen und schulischen Kontexten gibt es institutionelle Strukturen, die bei der Offenlegung recht restriktiv sein können. Um diese Hindernisse zu beseitigen, müssen überlebensorientierte Richtlinien und institutionelle Mängel angegangen werden.

Es ist unsere gemeinsame Pflicht, Überlebende zu ermutigen, ihr Schweigen zu brechen, indem wir die Systeme zerstören, die ihnen dies ermöglichen, indem wir ihre Stimme erheben und indem wir ein unterstützendes Umfeld schaffen.

Sichere Räume schaffen: Es ist wichtig, sichere Räume bereitzustellen – sowohl real als auch virtuell –, in denen Überlebende über ihre Erfahrungen sprechen können, ohne sich verurteilt oder verängstigt zu fühlen. Um diese sicheren Häfen bereitzustellen, können Gemeinschaftsorganisationen, Selbsthilfegruppen und Internetplattformen äußerst wichtig sein.

Überlebensgeschichten verbessern: Narrative haben eine enorme Macht. Indem wir mehr Überlebensgeschichten teilen, stellen wir kulturelle Stereotypen in Frage, fördern Empathie und brechen das Tabu des Schweigens. Advocacy-Kampagnen und soziale Medien sind zwei Beispiele für Plattformen, die das Teilen von Geschichten erleichtern und einen kulturellen Wandel bewirken können.

Ein effektiver Weg, das Schweigen über sexuelle Übergriffe zu durchbrechen, ist Aufklärung. Um Empathie aufzubauen und Mythen über sexuelle Übergriffe zu entlarven, muss die Öffentlichkeit mehr über deren Häufigkeit, Auswirkungen und soziale Dynamiken erfahren.

Eine umfassende Sexualerziehung ist unerlässlich. Sie sollte Themen wie Einwilligung, gesunde Beziehungen und die Folgen sexueller Übergriffe abdecken. Wir unterstützen eine Kultur, die Respekt und Kommunikation schätzt, indem wir das Bewusstsein für diese Themen fördern.

Aufklärungskampagnen: Eine effektive Strategie, um das Tabu sexueller Übergriffe zu brechen, ist die Teilnahme an Kampagnen, die Mythen zerstreuen, Vorurteile bekämpfen und offene Diskussionen über das Thema fördern. Um

Wissen erfolgreich zu verbreiten, können Gemeindeorganisationen, Schulen und Medien zusammenarbeiten.

Teil 2: Sexuelle Übergriffe verstehen

Arten von sexuellem Missbrauch

Vergewaltigung durch Bekannte

Nicht einvernehmliche sexuelle Handlungen zwischen Menschen, die sich kennen, werden als Vergewaltigung durch Bekannte bezeichnet. Aufgrund der bereits bestehenden Verbindung gibt es eine Komplexität, die es schwierig macht, Fälle von Nötigung oder fehlender Erlaubnis zu erkennen und zu lösen.

Herausforderungen bei der Zustimmung: Machtdynamiken, Zwang oder Drogenkonsum können die Wahrnehmung gegenseitiger Zustimmung in Fällen von Vergewaltigung durch Bekannte verzerren, in denen es häufig um Feinheiten der Zustimmung geht. Aufgrund dieser Komplexität müssen die Dynamiken genauer untersucht werden.

In vielen Fällen von Vergewaltigung durch Bekannte wird der Angriff teilweise aufgrund von Machtgefällen und Zwangsmaßnahmen durchgeführt. Um die subtilen Wege zu erkennen, auf denen die Erlaubnis missbraucht werden kann, ist ein Verständnis dieser Zusammenhänge erforderlich.

Machtungleichgewichte: Machtdynamiken können viele verschiedene Formen annehmen, darunter Alter, soziale Stellung und Einfluss in einer Gruppe von Menschen. Durch das Ungleichgewicht kann eine Umgebung entstehen, in der sich eine Seite zur Zusammenarbeit gezwungen fühlt, auch wenn keine leidenschaftliche Zustimmung vorliegt.

Zwangstechniken: Bei Vergewaltigungen durch Bekannte können Zwangstechniken wie emotionale Erpressung, Einschüchterung oder das Ausnutzen von Schwächen eingesetzt werden. Um die subtilen Formen der Nötigung zu verstehen, die echte Zustimmung untergraben, müssen diese Strategien aufgedeckt werden.

Die Analyse des Umfelds von Vergewaltigungen durch Bekannte wirft Licht auf die situativen Variablen, die die Begehung sexueller Übergriffe in sozialen Kreisen oder Liebesbeziehungen begünstigen.

Soziale Situationen: Partys, Zusammenkünfte und private Bereiche sind nur einige der sozialen Kontexte, in denen Vergewaltigung durch Bekannte vorkommen kann. Um die einzigartigen Probleme, die jede Umgebung mit sich bringt, effektiv zu bewältigen, ist es unerlässlich, die Auswirkungen dieser Umgebungen auf Machtverhältnisse und Zustimmung zu verstehen.

Drogenmissbrauch: Der Konsum von Drogen oder Alkohol kann die Klärung von Einwilligungsproblemen erschweren. Drogenmissbrauch kann das Urteilsvermögen trüben, zu Missverständnissen oder Fehlinterpretationen von Grenzen führen und die Bedeutung einer informierten, enthusiastischen Einwilligung unterstreichen.

Nach einer Vergewaltigung durch Bekannte haben die Opfer besondere Schwierigkeiten, weil das Vertrauen in eine vertraute Beziehung missbraucht wurde. Es ist wichtig, das Trauma anzuerkennen und den Genesungsprozess zu verstehen.

Verrat und emotionale Auswirkungen: Da das Opfer einer Vergewaltigung durch Bekannte den Übergriff mit seiner bereits bestehenden Beziehung zum Täter in Einklang bringen muss, hinterlässt der Übergriff bei ihm häufig das Gefühl, zutiefst betrogen worden zu sein. Die psychologischen Auswirkungen verschlimmern das erlittene Trauma.

Hilfe und Therapie: Um den Opfern angemessen helfen zu können, muss man die Komplexität ihrer Erfahrungen erkennen, die sie durch Vergewaltigungen durch Bekannte erfahren haben. Der Genesungsprozess erfordert traumainformierte Behandlung, Unterstützungsnetzwerke und Ressourcen, die speziell auf die besonderen Schwierigkeiten ausgerichtet sind, die mit dieser Art von sexuellem Missbrauch verbunden sind.

Vergewaltigung durch Fremde

Eine schreckliche Form des sexuellen Übergriffs, bei dem sich Opfer und Angreifer nie zuvor begegnet sind, wird als „Vergewaltigung durch Fremde" bezeichnet. Das plötzliche Eindringen eines unbekannten Angreifers in die Privatsphäre des Opfers, wodurch das Gefühl von Schutz und Sicherheit zerstört wird, ist charakteristisch für dieses abscheuliche Verhalten.

Als Fremdvergewaltigung werden sexuelle Handlungen bezeichnet, die nicht einvernehmlich von einem Angreifer begangen werden, von dem das Opfer nichts weiß. Die Überlebenden müssen mit dem Schock einer unerwarteten Verletzung fertig werden, da der Angriff plötzlich und gewaltsam war, was ihn von anderen Arten sexueller Gewalt unterscheidet.

Um die Dynamik einer Vergewaltigung durch Fremde zu verstehen, muss man sich mit dem intensiven Terror auseinandersetzen, den diese auslöst. Durch die unerwartete Begegnung mit einem unbekannten Angreifer fühlt sich das Opfer verletzlicher und sein Gefühl der persönlichen Sicherheit wird beeinträchtigt.

Angst und Verletzlichkeit: Die Angst der Überlebenden wird durch das Überraschungsmoment und ihre Unbekanntheit gegenüber dem Angreifer verstärkt. Die Plötzlichkeit des Angriffs lässt die Betroffenen häufig in einem Schockzustand zurück, was den Schaden, den sie erleiden, noch vergrößert.

Auswirkungen auf das Sicherheitsgefühl: Das Sicherheitsgefühl des Opfers an öffentlichen Orten wird durch Vergewaltigung durch Fremde dauerhaft geschädigt. Die Angst, von Fremden verletzt zu werden, kann den Alltag durcheinanderbringen, die Unabhängigkeit einschränken und einen ständigen Alarmzustand erzeugen.

Ermittlungen bei Vergewaltigungen durch Fremde stellen für Polizei und Justiz eine besondere Herausforderung dar. Die Identifizierung und Festnahme des Angreifers wird erschwert, wenn zwischen Opfer und Angreifer keine früheren Verbindungen bestehen.

Forensische Herausforderungen: Da es bei Vergewaltigungen durch Fremde keine bekannte Verbindung gibt, kann die Beweisaufnahme schwieriger sein. Die Identität des Angreifers herauszufinden, hängt stark von forensischen Tests und Ermittlungsmethoden ab.

Rechtliche Auswirkungen: Gerichtsverfahren können durch das Fehlen vorheriger zwischenmenschlicher Dynamiken beeinflusst werden. Der Schwerpunkt verlagert sich häufig auf greifbare Beweise und Zeugenaussagen, wodurch die Notwendigkeit eines gründlichen und methodischen Vorgehens hervorgehoben wird, um den Überlebenden Gerechtigkeit zu gewährleisten.

Da der Angriff plötzlich und schwerwiegend war, haben Überlebende einer Vergewaltigung durch Fremde besondere psychische Probleme. Das Verständnis der psychischen Folgen verdeutlicht den komplexen Genesungsprozess.

Trauma und Schock: Das Trauma, das aus einer Vergewaltigung durch Fremde resultiert, wird durch die plötzliche und unerwartete Natur der Vergewaltigung noch verstärkt. Noch lange nach dem Übergriff können die Überlebenden intensive Gefühle der Verletzung, des Schocks und des Unglaubens haben.

Auswirkungen auf das psychische Wohlbefinden: Angst, Traurigkeit und Symptome einer posttraumatischen Belastungsstörung (PTBS) sind mögliche psychische Nachwirkungen. Die Bereitstellung einer traumainformierten psychischen Gesundheitsversorgung für Überlebende ist unerlässlich, um die komplexen Auswirkungen auf ihre allgemeine Gesundheit zu bewältigen.

Drogengestützter Angriff

Bei einem Drogenmissbrauch, auch als „Date-Rape-Drogen-Vergewaltigung" bekannt, werden dem Opfer Drogen verabreicht, um es bewusstlos zu machen und es sexuell angreifen zu können. Diese bösartige Methode missbraucht das Vertrauen und lässt die Opfer nicht nur mit

der Verletzung ihres Körpers, sondern auch mit dem Verrat
an ihrem Sicherheitsgefühl kämpfen.

Wenn Angreifer Drogen in den Körper eines Opfers
schmuggeln, mit dem ausdrücklichen Ziel, es bewusstlos zu
machen oder außer Gefecht zu setzen, spricht man von
einem durch Drogen unterstützten Angriff. Bei dieser
Technik wird die Schwäche des Opfers ausgenutzt und
seine Fähigkeit, Einspruch zu erheben oder seine
Zustimmung zu geben, eingeschränkt.

Um drogengestützte Übergriffe zu verstehen, muss man
sich der großen Vielfalt an Chemikalien bewusst sein, die
Täter verwenden können, um ihre schändlichen Ziele zu
erreichen. Von illegalen Drogen bis hin zu
verschreibungspflichtigen Medikamenten nutzen
Missbraucher die Stärke verschiedener Betäubungsmittel,
um ihre Opfer hilflos zu machen.

Häufig verwendete Substanzen: Aufgrund ihrer
sedierenden und amnesischen Eigenschaften werden
Medikamente wie Ketamin, GHB (Gamma-
Hydroxybutyrat) und Rohypnol (Flunitrazepam) oft mit
drogengestützten Körperverletzungen in Verbindung
gebracht.

Heimliche Verabreichung: Täter nutzen soziale Situationen
aus, in denen Vertrauen vorausgesetzt wird, und können
diese Chemikalien heimlich in die Mahlzeiten oder

Getränke der Opfer mischen, ohne dass diese davon Kenntnis haben.

Der subtile Charakter von Drogenangriffen ist eines ihrer heimtückischen Merkmale. Wenn die Opfer nach dem Angriff aufwachen, sind sie sich möglicherweise nicht bewusst, dass ihrem Körper Chemikalien zugeführt wurden, und sind möglicherweise verwirrt und desorientiert.

Verzögerte Wahrnehmung: Die Wirkung dieser Drogen kann bei den Opfern Gedächtnisverlust oder Erinnerungslücken hinterlassen, was es für sie schwierig macht, den genauen Zeitpunkt des Angriffs zu bestimmen.

Verminderte Fähigkeit zur Einwilligung: Die lähmende Wirkung dieser Medikamente erschwert es, eine informierte Einwilligung zu geben, und unterstreicht den Eingriff in die menschliche Freiheit, der für drogengestützte Angriffe charakteristisch ist.

Die Untersuchung von Drogenangriffen ist mit besonderen forensischen Schwierigkeiten verbunden. Um festzustellen, ob Drogen im Körper des Opfers vorhanden sind, und um eine genaue Chronologie der Ereignisse zu erstellen, sind spezielle Techniken erforderlich.

Forensische Toxikologie: Einer der wichtigsten Aspekte forensischer Untersuchungen ist das Auffinden und Untersuchen von Drogen im Urin oder Blut eines Opfers. Einige Medikamente können jedoch schnell verstoffwechselt werden, was die Identifizierung erschwert. Dies unterstreicht die Notwendigkeit einer möglichst schnellen Untersuchung.

Zeitnahe Meldung: Überlebende werden dringend gebeten, Ereignisse so schnell wie möglich zu melden, da der Drogenstoffwechsel ein zeitkritischer Prozess ist. Verzögerungen bei der Meldung können es dem Forensikteam erschweren, Drogen im Körper des Opfers zu lokalisieren und zu messen.

Opfer von drogenbedingten Übergriffen erleben nicht nur die Qualen eines sexuellen Übergriffs, sie leiden auch unter den psychischen Folgen einer Verletzung ihrer Freiheit durch Substanzen, die sie nicht freiwillig konsumieren wollten.

Verrat und Vertrauensprobleme: Überlebende von drogenbedingten Übergriffen haben häufig verstärkte Gefühle des Verrats, wenn sie mit dem Vertrauensbruch eines potenziellen Bekannten zu kämpfen haben. Dieser Verrat kann zu anhaltenden Vertrauensproblemen beitragen.

Psychisches Trauma: PTBS, Angstzustände und Depressionen sind nur einige Beispiele für das psychische Trauma, das Überlebende erlitten haben können. Es ist wichtig, die besonderen Schwierigkeiten zu verstehen, die ein drogenbedingter Angriff mit sich bringt, um eine erfolgreiche traumainformierte Behandlung zu gewährleisten.

Mythen und Realitäten

Häufige Missverständnisse ausräumen

> ➤ **Mythos: Gefahr durch Fremde – Die Illusion von Sicherheit**

Den Mythos entlarven: Obwohl der Begriff „Gefahr durch Fremde" ein bekanntes Sprichwort ist, vereinfacht er die Realität sexueller Übergriffe zu sehr. Tatsächlich werden viele Übergriffe von Personen begangen, die das Opfer kennt, was die Vorstellung in Frage stellt, dass Fremde die Haupttäter sind.

Realität: Sexuelle Übergriffe finden häufig innerhalb bestehender Beziehungen statt, darunter auch unter Bekannten, Freunden oder sogar Familienmitgliedern. Der Mythos der „Gefahr durch Fremde" kann zu einem falschen Sicherheitsgefühl beitragen und die Aufmerksamkeit von potenziellen Bedrohungen innerhalb des eigenen sozialen Umfelds ablenken.

> ➤ **Mythos: Nur Frauen können Opfer sein**

Den Mythos entlarven: Sexuelle Übergriffe sind nicht auf ein Geschlecht beschränkt. Obwohl das Stereotyp Frauen oft als Opfer darstellt, ist es wichtig zu erkennen, dass Personen aller Geschlechter sexuelle Gewalt erfahren können.

Realität: Auch Männer, nichtbinäre Personen und Transgender sind anfällig für sexuelle Übergriffe. Geschlechtsspezifische Stereotypen zu hinterfragen ist unerlässlich, um Inklusion zu fördern und sicherzustellen, dass allen Opfern unabhängig von ihrer Geschlechtsidentität Unterstützungsdienste zur Verfügung stehen.

> **Mythos: Das passiert nur in dunklen Gassen**

Den Mythos entlarven: Die Vorstellung, dass sexuelle Übergriffe nur an dunklen, abgelegenen Orten vorkommen, vereinfacht die Realität. In Wahrheit können sexuelle Übergriffe an verschiedenen Orten vorkommen, darunter in privaten Räumen, zu Hause und bei gesellschaftlichen Zusammenkünften.

Realität: Täter nutzen Gelegenheiten in einer Reihe von Umgebungen, nicht nur in schwach beleuchteten Bereichen. Das Verständnis, dass sexuelle Übergriffe überall passieren können, ist entscheidend, um das Bewusstsein und die Wachsamkeit in unterschiedlichen Umgebungen zu fördern.

> **Mythos: Opfer wehren sich immer**

Den Mythos entlarven: Die Erwartung, dass Opfer ihren Angreifern immer körperlich Widerstand leisten sollten, vereinfacht die komplexe Natur von Traumareaktionen zu sehr. Erstarren, Flucht oder Unterwürfigkeit sind häufige Reaktionen auf Bedrohungen, und körperlicher Widerstand ist möglicherweise nicht immer möglich.

Realität: Opfer können auf einen Angriff mit Erstarren, Distanzierung oder Unterwerfung als Überlebensstrategie reagieren. Das Fehlen körperlicher Gegenwehr mindert weder die Gültigkeit ihrer Erfahrung noch ihr Recht, Unterstützung und Gerechtigkeit zu suchen.

➤ **Mythos: Falschmeldungen sind weit verbreitet**

Den Mythos entlarven: Der Glaube, dass Falschmeldungen von sexuellen Übergriffen weit verbreitet sind, ist ein schädlicher Irrtum. Untersuchungen zeigen immer wieder, dass die Falschmeldungsquote relativ niedrig ist und die Mehrheit der Opfer andere nicht fälschlich beschuldigt.

Realität: Falschmeldungen sind selten und die größte Herausforderung besteht darin, dass aus Angst, Stigmatisierung und der Sorge, nicht geglaubt zu werden, zu wenig gemeldet wird. Um sexuelle Übergriffe anzugehen, müssen wir uns auf die Unterstützung von Opfern konzentrieren und sichere Umgebungen für die Meldung schaffen.

➤ **Mythos: Nur gewalttätige Übergriffe sind legitim**

Den Mythos entlarven: Die Vorstellung, dass nur
körperlich gewalttätige Übergriffe als legitim gelten,
minimiert das Spektrum nicht einvernehmlicher
Erfahrungen. Sexuelle Übergriffe umfassen eine Reihe von
Verhaltensweisen, die gegen Zustimmung und persönliche
Grenzen verstoßen.

Realität: Zwang, Manipulation und nicht einvernehmliche
Handlungen, die nicht an körperliche Gewalt grenzen, sind
immer noch Formen sexueller Übergriffe. Das Erkennen
der Nuancen dieser Erfahrungen ist entscheidend, um die
vielfältigen Arten zu verstehen, auf die das Einverständnis
verletzt werden kann.

Opferbeschuldigung herausfordern

Die Schuldzuweisung an das Opfer ist ein weit verbreitetes
gesellschaftliches Phänomen, bei dem Personen, die
Schaden erleiden, insbesondere sexuelle Übergriffe,
ungerechtfertigt beschuldigt und verurteilt werden. Diese
Schuldzuweisungserzählung verlagert die Verantwortung
häufig von den Tätern auf die Opfer, wodurch schädliche
Stereotypen aufrechterhalten und die Gerechtigkeit
behindert wird.

Abwälzung der Verantwortung: Bei der Schuldzuweisung
an das Opfer wird die Verantwortung für den Übergriff oft
dem Opfer und nicht dem Täter zugeschoben. Dies kann
sich in Fragen oder Aussagen äußern, die unterstellen, dass
die Handlungen, Entscheidungen oder die Kleidung des

Opfers den Übergriff irgendwie provoziert oder gerechtfertigt hätten.

Kulturelle und geschlechtsspezifische Dynamiken: Die Schuldzuweisung an das Opfer ist tief in kulturellen und geschlechtsspezifischen Dynamiken verwurzelt und spiegelt gesellschaftliche Normen und Erwartungen wider. Stereotypen in Bezug auf Geschlechterrollen und Sexualität können die Schuldzuweisung an das Opfer verstärken und unrealistische Erwartungen an die Überlebenden stellen, um ihre Opferrolle zu verhindern.

> **Mythos: Es geht darum, was sie trugen**

Den Mythos entlarven: Kleidung ist kein Vorläufer sexueller Gewalt. Die Schuldzuweisung an das Opfer konzentriert sich oft auf die Wahl der Kleidung und hält so die falsche Vorstellung aufrecht, dass provokative Kleidung zu Gewalt einlädt. In Wirklichkeit geht es bei Gewalt um Macht und Kontrolle, nicht um Kleidung.

Realität: Kleidung entscheidet nicht über Zustimmung. Der Fokus sollte sich von der genauen Untersuchung der Kleidung der Opfer auf die eigentlichen Ursachen sexueller Übergriffe verlagern: die Handlungen und Entscheidungen der Täter.

> **Mythos: Sie haben getrunken – es ist ihre Schuld**

Den Mythos entlarven: Alkoholkonsum oder Trunkenheit entschuldigen oder rechtfertigen keine sexuellen Übergriffe. Opfer für ihren Alkoholkonsum verantwortlich zu machen, verstärkt die falsche Vorstellung, sie seien für die Taten der Täter verantwortlich.

Realität: Wenn jemand durch Alkohol oder Drogen handlungsunfähig ist, kann keine Zustimmung gegeben werden. Die Verantwortung liegt bei der Person, die den Übergriff begeht, und nicht bei der Nüchternheit des Opfers.

> **Mythos: Sie hätten härter zurückschlagen sollen**

Den Mythos entlarven: Von Überlebenden zu erwarten, dass sie während eines Angriffs bestimmte Verhaltensweisen zeigen, vereinfacht die Traumareaktion zu sehr. Erstarren, Flucht oder Unterwürfigkeit sind üblich und entwerten die Erfahrung nicht.

Realität: Die unterschiedlichen Reaktionen einzelner Menschen auf ein Trauma sollten anerkannt und respektiert werden. Das Fehlen körperlicher Gegenwehr mindert weder die Schwere des Angriffs noch das Recht des Überlebenden auf Gerechtigkeit.

> **Die Auswirkungen der Opferbeschuldigung**

Emotionale Belastung: Die Schuldzuweisung an das Opfer erhöht die emotionale Belastung der Überlebenden. Anstatt

Unterstützung und Mitgefühl zu erhalten, können Überlebende Scham, Schuld und Isolation erleben, was das Trauma noch verschlimmert.

Hindernisse bei der Anzeige: Angst vor Verurteilung und Schuldzuweisungen an das Opfer halten Überlebende oft davon ab, Übergriffe zu melden. Diese Unterberichterstattung behindert die Bemühungen, die Täter zur Rechenschaft zu ziehen, und fördert eine Kultur der Straflosigkeit.

> **Die Erzählung verändern**

Aufklärung der Gesellschaft: Um der Schuldzuweisung an das Opfer entgegenzutreten, bedarf es einer gemeinsamen Anstrengung, die Gesellschaft über Einwilligung, Traumareaktionen und die Komplexität sexueller Übergriffe aufzuklären. Aufklärungskampagnen und Bildungsprogramme können gesellschaftliche Einstellungen verändern.

Rechtsreformen: Es ist von entscheidender Bedeutung, sich für Rechtsreformen einzusetzen, die auf Überlebende ausgerichtete Ansätze und Sensibilität gegenüber Traumata in den Vordergrund stellen. Rechtssysteme sollten so gestaltet sein, dass sie Überlebende schützen und Täter zur Verantwortung ziehen, ohne Narrative zu verewigen, die den Opfern die Schuld geben.

Teil 3: Die psychologischen Auswirkungen von sexuellem Missbrauch

Posttraumatische Belastungsstörung
(PTBS)

Symptome und Diagnose

Trauma ist eine komplexe psychologische Reaktion auf einen verstörenden Vorfall oder eine Reihe von Vorfällen. Es kann erhebliche und dauerhafte Auswirkungen auf die körperliche, geistige und emotionale Gesundheit einer Person haben.

➤ **Häufige Anzeichen eines Traumas:**

Wiederholungen und bleibende Erinnerungen

Symptome: Betroffene erleben den schrecklichen Vorfall in Gedanken immer wieder und empfinden ihn als äußerst lebendig und verstörend. Zahlreiche Dinge können diese Erinnerungen auslösen, die emotional sehr belastend sein können.

Auswirkungen: Flashbacks können Angstzustände auslösen und alltägliche Aktivitäten beeinträchtigen. Die zusätzliche emotionale Belastung entsteht dadurch, dass man nicht kontrollieren kann, wann diese Erinnerungen wieder auftauchen.

> **Vermeidung und Taubheit**

Symptome: Überlebende ergreifen häufig extreme Maßnahmen, um Erinnerungen an die Tragödie zu verdrängen. Dies kann bedeuten, dass sie bestimmte Orte, Personen oder ereignisbezogene Aktivitäten meiden. Emotionale Taubheit und ein Gefühl der Distanz sind ebenfalls typisch.

Auswirkungen: Obwohl Vermeidung eine Bewältigungsstrategie ist, kann sie den Heilungsprozess behindern. Beziehungen und die Fähigkeit einer Person, voll am Leben teilzunehmen, können durch emotionale Taubheit beeinträchtigt werden.

> **Hypervigilanz und Hyperarousal**

Symptome: Betroffene können eine erhöhte Wachsamkeit verspüren, die sich durch erhöhte Reizbarkeit, Einschlafschwierigkeiten und eine erhöhte Schreckreaktion auszeichnet. Hypervigilanz bedeutet, ständig auf der Hut zu sein und nach Gefahren Ausschau zu halten.

Auswirkungen: Übermäßige Erschöpfung, schlechte zwischenmenschliche Beziehungen und Konzentrationsschwierigkeiten können die Folge von Übererregung sein. Obwohl es sich zunächst um eine Überlebensreaktion handelt, kann Übererregung Sie erschöpfen und Ihre täglichen Aktivitäten beeinträchtigen.

> **Dysregulation der Emotionen**

Zu den Symptomen einer emotionalen Dysregulation zählen extreme Stimmungsschwankungen, Probleme bei der Kontrolle der Emotionen und unberechenbares Verhalten. Überlebende können intensive Emotionen wie Angst, Wut oder Trauer erleben.

Auswirkungen: Emotionale Dysregulation kann zwischenmenschliche Konflikte verschärfen und das Gefühl der Einsamkeit verstärken. Die Erledigung alltäglicher Aufgaben kann schwierig werden.

Traumadiagnose:

> Eine professionelle Bewertung

Ablauf: Psychiater führen im Rahmen der Diagnose normalerweise eine gründliche Untersuchung durch. Dabei werden die Krankengeschichte, die Symptome und die Auswirkungen des Traumas auf den Alltag der Person berücksichtigt.

Werkzeuge: Zur Unterstützung ihrer Beurteilung können Kliniker standardisierte Instrumente wie das DSM-5 (Diagnostic and Statistical Manual of Mental Disorders) verwenden. Es ist jedoch wichtig, die individuellen Erfahrungen jeder Person umfassend zu verstehen.

Die Kriterien für die Diagnose einer PTBS

Kriterien: Eine besondere Diagnose, die mit einem Trauma in Verbindung gebracht wird, ist die Posttraumatische Belastungsstörung (PTBS). Eine Person muss Symptome aufweisen, darunter das Wiedererleben des Ereignisses, Vermeidungsverhalten, ungünstige Stimmungs- und Wahrnehmungsschwankungen und anhaltende Übererregung, um mit einer Posttraumatischen Belastungsstörung (PTBS) diagnostiziert zu werden.

Ärzte beurteilen die Dauer und Intensität der Symptome und berücksichtigen dabei, wie sie die Fähigkeit des Patienten zur Bewältigung seines Alltags und seine allgemeine Lebensqualität beeinträchtigen.

Symptome der psychosomatischen

Beziehung: Körperliche Symptome wie Kopfschmerzen, Magenprobleme und anhaltendes Unwohlsein können Anzeichen eines Traumas sein. Die tiefe Beziehung zwischen psychischem und körperlichem Wohlbefinden wird durch die Verbindung zwischen Körper und Geist hervorgehoben.

Ganzheitlicher Ansatz: Ein ganzheitlicher Ansatz zur Genesung erfordert ein Verständnis der körperlichen Auswirkungen eines Traumas. Die Genesung erfordert in der Regel eine integrierte Behandlung, die sowohl die körperliche als auch die emotionale Gesundheit berücksichtigt.

Sensibilität für Kultur

Bedeutung: Der Ausdruck und das Erleben eines Traumas werden stark von kulturellen Einflüssen beeinflusst. Kliniker müssen bei der Diagnose von Patienten kulturelle Sensibilität berücksichtigen und unterschiedliche kulturelle Normen, Glaubenssysteme und Bewältigungstechniken berücksichtigen.

Kommunikation: Eine genaue Diagnose und die Erstellung kulturell unterschiedlicher Behandlungsprogramme hängen von einer effektiven Kommunikation und Zusammenarbeit mit Menschen unterschiedlicher kultureller Herkunft ab.

Behandlungsansätze

Die Heilung eines Traumas ähnelt der Heilung einer komplexen Wunde, die Körper, Geist und Emotionen betrifft. Für eine wirksame Traumarehabilitation ist eine umfassende Strategie erforderlich, die alle Aspekte der Erfahrung des Traumaüberlebenden berücksichtigt.

➢ Therapeutische Interventionen

Trauma-informierte Therapie

Ansatz: Grundlage der Traumarehabilitation ist eine traumainformierte Therapie. Die ausgebildeten Therapeuten dieser Methode legen Wert auf Sicherheit,

Vertrauen und Teilnahme an der Therapieinteraktion, erkennen jedoch das Vorhandensein und die Auswirkungen eines Traumas an.

Modalitäten: Die Therapien können individuell an die spezifischen Anforderungen von Traumaopfern angepasst werden. Hierzu stehen verschiedene Modalitäten zur Verfügung, darunter die Dialektisch-Behaviorale Therapie (DBT), die Desensibilisierung und Verarbeitung durch Augenbewegungen (EMDR) und die Kognitive Verhaltenstherapie (CBT).

> **Medikamente als Hilfsmittel**

Psychopharmakologie

Rolle: Medikamente können Menschen bei der Heilung von Traumata helfen, insbesondere wenn sie gleichzeitig an psychischen Problemen wie Angstzuständen, Depressionen oder Schlafstörungen leiden. Die Ziele der Psychopharmakologie bestehen darin, die Symptome zu lindern und die Fähigkeit des Patienten zu verbessern, an therapeutischen Aktivitäten teilzunehmen.

Gemeinsame Entscheidungsfindung: Der Psychiater und der Patient selbst arbeiten bei der Verschreibung von Medikamenten zusammen. Eine fundierte Entscheidungsfindung erfordert die Berücksichtigung der Präferenzen, der voraussichtlichen Vorteile und der Nebenwirkungen des Patienten.

➢ **Selbstregulierung und Achtsamkeit**

Erdungstechniken

Ziel: Selbstregulierungs- und Achtsamkeitsübungen unterstützen Überlebende dabei, ihre intensiven Emotionen zu kontrollieren und im Hier und Jetzt zu leben. Tiefes Atmen, Meditation und sensorische Achtsamkeit sind Beispiele für Erdungstechniken, die wirksame Werkzeuge sein können, um Ihre Verbindung zur Gegenwart wiederherzustellen.

Empowerment: Indem diese Strategien den Überlebenden die Möglichkeit geben, die Kontrolle über ihre Reaktionen zu übernehmen, steigern sie ihr Gefühl der Selbstwirksamkeit im Umgang mit schwierigen Emotionen.

➢ **Integrative Heilmethoden**

Körperzentrierte Therapien

Verbindung: Der Körper speichert Traumata zusätzlich zum Geist. Das Ziel körperzentrierter Behandlungen wie Yoga, Tanz-/Bewegungstherapie und somatisches Erleben ist die Integration emotionaler und körperlicher Heilung.

Loslassen: Durch den Einsatz von Körperwahrnehmungsübungen, Atemarbeit und achtsamen Bewegungen helfen diese Methoden den Menschen, festgehaltene Traumata loszulassen und ein umfassendes Gefühl des Wohlbefindens zu fördern.

> **Unterstützungsnetzwerke aufbauen**

Communities und Selbsthilfegruppen

Bestätigung: Überlebende können ihre Geschichten mit Menschen teilen, die ihre Gefühle verstehen und bestätigen, indem sie sich Selbsthilfegruppen anschließen. Die Unterstützung durch die Gemeinschaft lindert Einsamkeitsgefühle und fördert das Zugehörigkeitsgefühl.

Stärkung: Überlebende schöpfen häufig aus den gemeinsamen Erfahrungen Kraft und Stärkung, was beim Aufbau eines Netzwerks aus Unterstützung und Verständnis hilft, das auf dem Weg zur Genesung hilfreich sein kann.

> **Behandlung mit kultureller Kompetenz**

Kulturell angemessene Methoden

Anerkennung: Die Traumaheilung muss kulturkompetent erfolgen und die unterschiedlichen Ursprünge, Weltanschauungen und Bewältigungsstrategien der Menschen berücksichtigen. Um Patienten wirksam und mitfühlend behandeln zu können, müssen Therapeuten kulturelle Eigenheiten verstehen und darauf achten.

Inklusion: Die Berücksichtigung kultureller Werte und Bräuche in den Behandlungstechniken gewährleistet Inklusion und macht die Behandlungen unter Berücksichtigung der kulturellen Identität der Überlebenden relevanter.

➢ **Stärkung der Resilienz**

Methoden basierend auf Stärken

Fokus: Ein stärkenbasierter Ansatz, der die inneren Qualitäten, Bewältigungsfähigkeiten und Belastbarkeit des Überlebenden hervorhebt, kann für die Traumarehabilitation von Vorteil sein. Ein Gefühl von Handlungsfähigkeit und Selbstwirksamkeit wird gefördert, wenn der Schwerpunkt von der Krankheit auf die Belastbarkeit verlagert wird.

Stärkung der Selbstbestimmung: Wenn wir Überlebenden dabei helfen, ihre angeborenen Talente zu erkennen, stärkt dies ihre positive Einstellung, stärkt ihre Selbstbestimmung und stärkt ihr Selbstvertrauen in die Fähigkeit, die Hindernisse auf ihrem Weg zur Genesung zu überwinden.

Scham, Schuld und Selbstvorwürfe

Bewältigungsmechanismen

Bewältigungsmechanismen sind Techniken, die Menschen anwenden, um mit Stress umzugehen, Hindernisse zu überwinden und mit den Nachwirkungen eines Traumas umzugehen. Der Aufbau starker Bewältigungsfähigkeiten ist für Überlebende von entscheidender Bedeutung, um angesichts der Not wieder Kontrolle und Stärke zu erlangen.

> **Effektive Bewältigungstechniken**

Achtsamkeitsübungen

Das Ziel von Achtsamkeitsübungen ist es, ein vorurteilsfreies Bewusstsein für den gegenwärtigen Moment zu entwickeln. Überlebende können ihre überwältigenden Emotionen besser kontrollieren und ein Gefühl der gegenwärtigen Wahrnehmung wiedererlangen, indem sie Techniken wie Meditation, tiefes Atmen und konzentrierte Beobachtung anwenden.

Vorteile: Achtsamkeit verbessert das allgemeine Wohlbefinden, verringert Ängste und fördert die emotionale Regulierung. Es gibt Überlebenden die Fähigkeit, sich ihrer Gedanken und Gefühle bewusst zu werden, ohne zu urteilen.

Grenzen setzen:

Wichtigkeit: Überlebende müssen angemessene Grenzen festlegen und einhalten. Dies bedeutet, sich selbst Grenzen zu setzen, bei Bedarf darüber zu sprechen und die Selbstfürsorge an erste Stelle zu setzen.

Grenzen geben Überlebenden die Möglichkeit, ihre körperliche und geistige Gesundheit zu schützen. Definierte Grenzen geben den Menschen das Gefühl, die Kontrolle zu haben und im Umgang mit anderen selbstbestimmt zu sein.

> **Kreativer Ausdruck**

Kunst und Schreiben

Ventil: Überlebende können ihre Gefühle und Erfahrungen ausdrücken, indem sie sich kreativ durch Schreiben, Malen oder andere Medien ausdrücken. Die Verarbeitung eines Traumas kann durch künstlerischen Ausdruck eine starke Entlastung finden.

Abhilfe: Die Teilnahme an künstlerischen Aktivitäten bietet die Möglichkeit zur Selbstbesinnung und Entspannung. Sie kann die Entwicklung eines Gefühls der Ermächtigung durch Selbstdarstellung unterstützen und dabei helfen, komplizierte Emotionen zu verstehen.

> **Ich suche fachkundige Unterstützung**

Die Rolle von Therapie und Beratung:

Professionelle Hilfe ist für die Bewältigung eines Traumas unerlässlich. Therapeuten bieten Unterstützung und evidenzbasierte Therapien und schaffen gleichzeitig eine sichere Umgebung, in der Überlebende ihre Erfahrungen untersuchen und verarbeiten können.

Validierung: Die Beratung gibt den Erfahrungen der Überlebenden eine Stimme und vermittelt ihnen Fähigkeiten, um Hindernisse zu überwinden. Individuelle Anforderungen können mit einer Vielzahl therapeutischer Techniken berücksichtigt werden, wie z. B. Eye Movement Desensitization and Reprocessing (EMDR) und Kognitive Verhaltenstherapie (CBT).

> **Bewegung und Selbstbehandlung**

Training und Bewegung

Vorteile: Untersuchungen haben einen Zusammenhang zwischen besserer geistiger und körperlicher Gesundheit gezeigt. Regelmäßige Bewegung erhöht die Glückshormone, senkt die Stresshormone und setzt Endorphine frei.

Stärkung: Körperliche Betätigung kann eine wirksame Bewältigungsstrategie sein. Ob durch Yoga, Spazierengehen oder organisiertes Training – Überlebende können die Kontrolle über ihren Körper zurückgewinnen.

Selbstpflegepraktiken:

Um das eigene Wohlbefinden an erste Stelle zu setzen, müssen Sie gezielte Maßnahmen ergreifen. Dazu können beispielsweise ausreichend Schlaf, eine gesunde Ernährung und angenehme und entspannende Aktivitäten gehören.

Bedeutung: Die Selbstfürsorge zur Priorität zu machen, ist für Resilienz und allgemeine Gesundheit unerlässlich. Es stärkt die Vorstellung, dass Überlebende mit Respekt und Sorgfalt behandelt werden sollten, und fördert eine gesunde Beziehung zu sich selbst.

➢ Verbindung mit unterstützenden Netzwerken herstellen

Verbindungen aufbauen:

Eine wesentliche Bewältigungsstrategie besteht darin, unterstützende Verbindungen aufzubauen und aufrechtzuerhalten. Der Aufbau von Beziehungen zu geliebten Menschen, Freunden und Selbsthilfegruppen kann helfen, Gefühle der Einsamkeit zu bekämpfen.

Bestätigung: Empathie, Zugehörigkeitsgefühl und Bestätigung werden durch unterstützende Netzwerke vermittelt. Mit Gleichgesinnten über Erfahrungen zu sprechen, kann beruhigend und motivierend sein.

➢ Erdungsmethoden

Sensorische Erdung

Definition: Erdungsmethoden helfen Menschen dabei, ein Gefühl der Wahrnehmung des gegenwärtigen Augenblicks aufrechtzuerhalten. Die Verwendung der eigenen Sinne als Mittel zur Verankerung und Verringerung von Ängsten wird als sensorische Erdung bezeichnet.

Beispiele für Techniken sind das Üben von bewusstem Atmen, das Hören entspannender Geräusche und die Konzentration darauf, wie sich etwas anfühlt. Diese Methoden sind besonders in stressigen oder ängstlichen Situationen hilfreich.

Stigmatisierung überwinden

Das Stigma, das mit einem Trauma einhergeht, ist ein weitverbreitetes soziales Problem, das die Genesung davon erschwert. Stigmatisierendes Verhalten kann falsche Überzeugungen verbreiten, Schuldgefühle hervorrufen und Menschen davon abhalten, die Hilfe zu bekommen, die sie benötigen.

➢ **Verdrängung gängiger Mythen**

Mythos: Beschämendes Schweigen

Den Mythos entlarven: Stigmatisierung trägt zu einer Kultur des Schweigens bei, indem sie Traumaopfer in eine Maske der Scham hüllt. Es ist zwingend erforderlich, dieses Schweigen zu brechen, um Stigmatisierung auszumerzen und eine Atmosphäre des Mitgefühls und Verständnisses zu fördern.

Mythos: Die Dynamik der Opferbeschuldigung

Den Mythos entkräften: Der Glaube, Opfern die Schuld zu geben, die Überlebenden trügen eine gewisse Verantwortung für ihre schmerzhaften Erfahrungen, ist Ausdruck stigmatisierender Einstellungen. Um diesen Irrglauben zu entkräften, müssen die zugrunde liegenden Ursachen des Traumas angegangen und die Schuld von den Überlebenden auf die Täter übertragen werden.

> **Verständnis und Empathie fördern**

Wissen und Bewusstsein

Rolle: Eine effektive Möglichkeit, Stigmatisierung zu bekämpfen, ist Aufklärung. Ein besseres Wissen über die Häufigkeit, Auswirkungen und Schwierigkeiten, die mit der Traumabewältigung verbunden sind, fördert Empathie und Verständnis in der gesamten Gemeinschaft.

Gemeinschaftsdialoge: In offenen Diskussionen über Traumata können Fragen gestellt, Standpunkte ausgetauscht und stigmatisierende Einstellungen hinterfragt werden. Die Schaffung von Gesprächsforen fördert Empathie in der Gesellschaft und mindert das Gefühl der Einsamkeit, das Überlebende empfinden.

> **Interessenvertretung für psychische Gesundheit**

Kampagnenprojekte

Ziel: Systemische Stigmatisierung muss durch Lobbyarbeit bekämpft werden. Die Ziele von Lobbyarbeitsprojekten für psychische Gesundheit sind, den Zugang zu Ressourcen für psychische Gesundheit zu verbessern, die Sprache zu entstigmatisieren und die Gesetzgebung zu ändern.

Zusammenarbeit: Wenn Aktivisten, Überlebende und Psychologen zusammenarbeiten, wird die gemeinsame Stimme gegen Stigmatisierung verstärkt. Gemeinsam bemühen sie sich, Hindernisse für Hilfe zu beseitigen und eine empathischere Gemeinschaft aufzubauen.

> **Sichere Räume schaffen**

Trauma-informierte Gemeinschaften

Definition: In traumainformierten Gemeinschaften steht das Verständnis und die Behandlung der Auswirkungen von Traumata auf den Einzelnen im Vordergrund. Diese Bereiche sind darauf ausgelegt, Heilung und Unterstützung zu fördern, indem sie eine Umgebung schaffen, die den Bedürfnissen der Überlebenden Rechnung trägt.

Umsetzung: Schulungsprogramme, sicherheitsorientierte Richtlinien und die Entwicklung einer Kultur der Empathie und des Respekts sind alles Möglichkeiten für Organisationen, Institutionen und Gemeinschaften, traumainformierte Ansätze umzusetzen.

➢ **Propaganda gegen Stigmatisierung in der psychischen Gesundheit**

Öffentliche Kampagnen und Medien

Ziel: Die Medien haben großen Einfluss auf die öffentliche Wahrnehmung. Medienkampagnen gegen Stigmatisierung zielen darauf ab, Mythen zu zerstreuen, Traumata realistisch darzustellen und einen Dialog anzustoßen, der das gegenseitige Verständnis fördert.

Positive Botschaften: Um die Storyline der Medien zu ändern, muss weniger Wert auf die Sensationsmache von Schmerz gelegt werden, sondern mehr auf Geschichten über Widerstandskraft, Heilung und den Wert starker Gemeinschaften.

➢ **Inklusivität und Intersektionalität**

Anerkennung der Vielfalt von Erfahrungen

Bedeutung: Die Auswirkungen von Stigmatisierung sind bei Menschen je nach Geschlecht, ethnischer Zugehörigkeit, sexueller Orientierung und finanzieller Situation unterschiedlich. Die Berücksichtigung der Intersektionalität von Stigmatisierung und deren Bekämpfung garantiert die Einbeziehung in Anti-Stigmatisierungsinitiativen.

Richtlinien, die ein breites Spektrum an Erfahrungen berücksichtigen, sind inklusiv, da sie einen Raum bieten, in

dem sich Menschen aller Herkünfte unterstützt, gehört und
wertgeschätzt fühlen.

Auswirkungen auf Beziehungen

Vertrauensprobleme

Traumata haben erhebliche Auswirkungen auf die Vertrauensfähigkeit einer Person. Komplexe Vertrauensprobleme können aus traumatischen Situationen entstehen und sich aufgrund des damit verbundenen Verrats, der Verletzung und des Kontrollverlusts auf viele Facetten des Lebens auswirken.

Definition: Tiefe Gefühle des Verrats, sei es durch Menschen, Organisationen oder Systeme, sind häufig mit Traumata verbunden. Der Vertrauensbruch kann bei den Überlebenden schwere Wunden hinterlassen.

Auswirkungen: Der Stress eines Verrats kann zu erhöhter Wachsamkeit, Misstrauen und Vertrauensproblemen gegenüber anderen führen. Er beeinflusst, wie verletzlich sich ein Überlebender selbst sieht und wie offen er für Vertrauen ist.

> **Angst, erneut zum Opfer zu werden**

Grundursache: Die Angst, erneut zum Opfer zu werden, kann die Ursache für Vertrauensprobleme sein. Nach einem Betrug können die Überlebenden befürchten, dass sich der Kreislauf aus Verletzlichkeit und Schaden wiederholt.

Bewältigungsstrategien: Menschen mit Vertrauensproblemen können Bewältigungsstrategien wie emotionale Distanz, Skepsis oder Abneigung gegen enge Bindungen anwenden, um sich vor möglichen Schäden zu schützen.

> **Selbstvertrauen als Basis**

Entscheidende Komponente: Selbstvertrauen ist der erste Schritt zur Wiederherstellung des Vertrauens. Überlebende haben möglicherweise mit Selbstzweifeln hinsichtlich ihrer Urteilsfähigkeit, ihres Bauchgefühls und ihrer Fähigkeit zur Selbstverteidigung zu kämpfen. Um Selbstvertrauen aufzubauen, ist es notwendig, Resilienz anzuerkennen und Selbstmitgefühl zu fördern.

Therapeutische Ansätze: Der Wiederaufbau des Selbstvertrauens kann durch eine Therapie erheblich unterstützt werden. Therapeuten helfen Überlebenden dabei, ihre negativen Selbstwahrnehmungen zu widerlegen, ihre Talente hervorzuheben und eine positive Sichtweise über sich selbst zu entwickeln.

➢ **Wiederaufbau des Beziehungsvertrauens**

Wichtige Elemente: Um das Vertrauen in Beziehungen wiederherzustellen, ist eine offene und ehrliche Kommunikation erforderlich. Eine offene Diskussion über Grenzen, Erwartungen und Ängste legt den Grundstein für gegenseitigen Respekt und Verständnis.

Beständigkeit ist wichtig, sowohl in Worten als auch in Taten. Um Vertrauen wieder aufzubauen, ist ein konsistentes, vertrauenswürdiges Verhalten über einen längeren Zeitraum hinweg sowie die Bereitschaft, eine sichere und ermutigende Verbindung aufzubauen, erforderlich.

➢ **Verständnis und Geduld**

Individueller Prozess: Der Wiederaufbau von Vertrauen ist ein Prozess, der bei jedem Menschen einzigartig ist und sich in seinem Tempo entwickelt. Der individuelle Zeitplan für die Genesung muss von Überlebenden und Helfern anerkannt und respektiert werden.

Der Wert von Geduld kann nicht genug betont werden. Frühzeitiger Vertrauensdruck kann die Angst verstärken und den Heilungsprozess behindern. Das Verständnis für den Standpunkt des Überlebenden fördert eine förderliche Atmosphäre.

➢ **Therapeutische Interventionen**

Trauma-informierte Therapie: Um Vertrauensprobleme anzugehen, sind häufig spezielle Therapiemethoden erforderlich. Trauma-informierte Therapeuten bieten Überlebenden eine sichere Umgebung, in der sie Vertrauensprobleme besprechen und gemeinsam Bewältigungsmechanismen entwickeln können.

Aufbau einer therapeutischen Allianz: Einer der wichtigsten ersten Schritte ist, Vertrauen zu einem Therapeuten aufzubauen. Um einen sicheren Raum zu schaffen, verwenden Therapeuten traumainformierte Techniken, die Überlebenden helfen, das Vertrauen in ihre therapeutische Allianz schrittweise wiederherzustellen.

➢ **Der Einfluss auf die Intimität**

Herausforderungen: Vertrauensprobleme können intime Beziehungen stark beeinträchtigen. Tiefe Beziehungen können durch Angst vor Intimität, Verletzlichkeit oder Verrat beeinträchtigt werden.

Grenzen und Erkundung: Bei der Lösung von Vertrauensproblemen sollten die Partner offen kommunizieren, die Komfortzonen des anderen erkunden und klare Grenzen setzen. Geduld und gegenseitiges Verständnis sind unerlässlich.

Herausforderungen in Bezug auf Intimität

Die Intimität kann durch ein Trauma stark leiden. Die emotionalen, psychologischen und physischen Auswirkungen eines Traumas können zu einer Reihe komplizierter Probleme führen, die es schwierig machen, tiefe Verbindungen zu sich selbst und anderen Menschen aufzubauen.

➢ Emotionale Hindernisse für Intimität

Grundursache: Menschen, die ein Trauma erlebt haben, haben möglicherweise eine tiefe Angst davor, aufgrund von Verrat oder Verletzung in der Vergangenheit verletzlich zu sein. Angst kann zu emotionalen Mauern führen, die es schwierig machen, verletzlich zu sein und anderen Menschen zu vertrauen.

Auswirkungen auf die Nähe: Die Entwicklung emotionaler Nähe kann durch die Angst vor Verletzlichkeit behindert werden. Menschen, die ein Trauma erlebt haben, fällt es möglicherweise schwer, ihre tiefsten Gefühle und Gedanken preiszugeben, weil sie Angst haben, verurteilt oder erneut traumatisiert zu werden .

➢ Auswirkungen auf das Körperbild

Ein Trauma kann dazu führen, dass sich eine Person von ihrem Körper loslöst, was es ihr schwer macht, sich körperlich so zu akzeptieren, wie sie ist. Es ist möglich, dass sich Überlebende unwohl, beschämt oder von ihrem Körper abgeschnitten fühlen.

Heilungsreise: Um die körperliche Autonomie wiederzuerlangen, ist es wichtig, den eigenen Körper zu respektieren und eine Verbindung zu ihm wiederherzustellen. Dieser Heilungsprozess kann von therapeutischen Methoden wie körperzentrierter Therapie oder somatischer Erfahrung stark profitieren.

> **Das Eindringen traumatischer Erinnerungen**

Definition: Flashbacks und Trigger sind aufdringliche Erinnerungen an traumatische Ereignisse, die durch bestimmte Umstände ausgelöst werden können. Diese Ereignisse können im privaten Umfeld plötzlich wieder auftauchen.

Bewältigungsmechanismen: Überlebende und ihre Ehepartner können bei der Ermittlung der Auslöser und der Entwicklung von Bewältigungsmechanismen zusammenarbeiten. Die Entwicklung einer sicheren Sprache, Wachsamkeit und offene Kommunikation können dabei helfen, diese Hindernisse zu überwinden.

> **Der Wert offener Kommunikation**

Grenzen setzen: Menschen, die ein Trauma erlebt haben, reagieren möglicherweise empfindlicher auf Berührungen und haben gewisse Grenzen, wenn es um Intimität, Körperkontakt und das Teilen von Emotionen geht. Das Setzen und Einhalten dieser Grenzen hängt stark von offener und ehrlicher Kommunikation ab.

Zustimmung und Ermächtigung: Die Aufrechterhaltung einer ständigen Kommunikation ist notwendig, um Zustimmung und Ermächtigung in engen Partnerschaften Priorität einzuräumen. Um eine Umgebung zu schaffen, in der sich beide Parteien sicher und respektiert fühlen, sollten die Partner aktiv zuhören, Bedenken bestätigen und zusammenarbeiten.

➢ Vertrauen in der Intimität entwickeln

Bausteine: Eine starke, intime Beziehung basiert auf Vertrauen. Der Wiederaufbau des Vertrauens kann kleine Aktionen, regelmäßige Kommunikation und das gemeinsame Engagement für die Förderung einer sicheren und ermutigenden Atmosphäre erfordern.

Professionelle Beratung: Berater mit Erfahrung in traumainformierter Behandlung können Ratschläge zur Wiederherstellung des Vertrauens und zur Überwindung intimitätsspezifischer Schwierigkeiten geben. Darüber hinaus kann eine Paartherapie hilfreich sein, um Verständnis und Verbindung zu fördern.

➢ Auswirkungen auf die sexuelle Leistungsfähigkeit

Häufige Herausforderung: Sexuelle Funktionsstörungen können durch Traumata beeinflusst werden, die Probleme wie Unbehagen, Gleichgültigkeit oder Probleme beim

Lustempfinden beinhalten können. Intime Beziehungen können durch diese Probleme stark beeinträchtigt werden.

Therapeutische Ansätze: Die Konsultation medizinischer Spezialisten, wie etwa Berater oder Sexualtherapeuten, kann sehr hilfreich sein. Techniken zur Behandlung bestimmter sexueller Probleme, Aufklärung und Achtsamkeitsübungen sind Beispiele für therapeutische Ansätze.

> ### Sich gegenseitig auf dem Weg zur Genesung unterstützen

Gemeinsame Verantwortung: Während des Heilungsprozesses haben Partner, die nach einem Trauma mit intimen Problemen zu kämpfen haben, eine gemeinsame Verpflichtung. Geduld, Sensibilität und die Bereitschaft, die Erfahrungen des anderen zu verstehen, sind für gegenseitige Unterstützung erforderlich.

Paartherapie: Eine Paartherapie kann einen betreuten und ermutigenden Rahmen bieten, in dem die Partner Probleme besprechen, die Kommunikation verbessern und Pläne zur Förderung von Nähe und Verbundenheit erstellen können.

Teil 4: Bewältigungsmechanisme n und Resilienz der Überlebenden

Dissoziation und Bewältigungsstrategien

Dissoziation verstehen

Dissoziation ist ein vielschichtiges psychologisches Phänomen, das durch einen Bruch in Erinnerungen, Identität, Ideen und Bewusstsein gekennzeichnet ist. Sie dient häufig als Bewältigungsstrategie bei extremem Stress, Trauma oder Gefahr.

> **Arten dissoziativer Erfahrungen**
- **Depersonalisierung**

Beschreibung: ist der Zustand, in dem sich eine Person von ihrem eigenen Körper oder ihrer Identität abgeschnitten fühlt. Die Betroffenen haben möglicherweise das Gefühl, nur Beobachter zu sein, losgelöst von ihren Gefühlen und körperlichen Erfahrungen und mit unwirklichen Gefühlen.

Ursachen: Depersonalisierung kann durch Traumata, extremen Stress oder Sorgen hervorgerufen werden. Es handelt sich dabei um einen Schutzmechanismus, der es Menschen ermöglicht, eine Mauer zwischen sich und belastenden Ereignissen aufzubauen.

- **Derealisierung**

Derealisation ist durch die Vorstellung bedingt, dass die Außenwelt verzerrt oder unwirklich ist . Betroffene empfinden ihre Umgebung möglicherweise als fremd, verträumt oder surreal.

Auslöser: Traumata oder extremer Stress sind häufige Ursachen für Derealisation , ähnlich wie bei Depersonalisation. Sie fungiert als Puffer gegen überwältigende Umweltreize und fungiert als Schutzmechanismus.

➢ Dissoziative Identitätsstörung (DID)

Definition: Wenn eine Person zwei oder mehr verschiedene Identitäten oder Persönlichkeitszustände hat, spricht man von einer dissoziativen Identitätsstörung. Zu verschiedenen Zeitpunkten können diese Identitäten für Bewusstsein und Verhalten verantwortlich sein.

Ursprünge: Wiederholte Misshandlungen in der Kindheit sind eine häufige Ursache für schwere Traumata, die zu dissoziativer Identität führen. Die Schaffung separater Identitäten ist eine Möglichkeit, mit schrecklichen Ereignissen umzugehen, indem man sich von der Erfahrung distanziert.

➢ Beitragende und ausgelöste Faktoren

Dissoziation und Trauma sind eng miteinander verbunden, insbesondere wenn das Trauma im Kindesalter auftritt. Körperlicher, psychischer oder sexueller Missbrauch kann die Bewältigungsfähigkeiten einer Person überfordern und dissoziative Prozesse auslösen.

Andere beitragende Faktoren: Obwohl ein Trauma die Hauptursache ist, kann die Anfälligkeit einer Person für Dissoziation auch durch Vererbung, neurologische Erkrankungen und das Fehlen einer stabilen Bindung beeinflusst werden.

➢ Die Funktion des Gehirns bei Dissoziation

Hippocampus und Amygdala: Der Hippocampus und die Amygdala sind wichtig für die Verarbeitung von Erinnerungen und Emotionen und sind an der Dissoziation beteiligt. Traumata können diese Regionen beeinträchtigen, was zu veränderten emotionalen Reaktionen und unzusammenhängenden Erinnerungen führt.

Beteiligung des Kortex: Es kann zu Kollateraleffekten im präfrontalen Kortex kommen, der die exekutiven Prozesse steuert. Integrationsprobleme zwischen emotionalen und kognitiven Erfahrungen können auf veränderte Verbindungen in bestimmten Gehirnregionen zurückgeführt werden.

➢ **Typische Symptome und Anzeichen**

Gedächtnisverlust: Häufiges Auftreten von Gedächtnislücken oder Schwierigkeiten, sich an längere Zeiträume zu erinnern.

Identitätsverschiebungen: Plötzliche und erkennbare Veränderungen der eigenen Identität, des Verhaltens oder des Charakters.

Zeitverlust: Unerklärliche Zeiträume, in denen eine Person ihr Verhalten oder ihre Gefühle nicht erklären kann.

Emotionale Taubheit ist der Zustand der Gefühlslosigkeit oder der emotionalen Trennung.

➢ **Erdungsmethoden**

Ziel: Erdungstechniken unterstützen Menschen dabei, ihre Verbindung zur Gegenwart wiederherzustellen und zielen darauf ab, den dissoziativen Zustand der Losgelöstheit zu bekämpfen.

Beispiele für erfolgreiche Erdungsstrategien sind tiefes Atmen, das Beschreiben der Umgebung und die Konzentration auf Sinnesempfindungen (Berührung, Sehen und Hören).

> ## Therapeutische Methoden

Trauma-informierte Beratung: Beratung ist für die Behandlung von Dissoziation unerlässlich. Trauma-informierte Behandlungen für Dissoziation, wie die Behandlung von Internal Family Systems (IFS), die dialektische Verhaltenstherapie (DBT) und die Desensibilisierung und Verarbeitung durch Augenbewegungen (EMDR), können erfolgreich sein.

Integration von Identitäten: Um DID-Betroffenen dabei zu helfen, ein kohärentes Selbstgefühl zu entwickeln, konzentriert sich die Behandlung auf die Integration, Zusammenarbeit und Kommunikation von Identitäten.

> ## Missverständnissen entgegentreten

Mythen entkräften: Mythen und Missverständnisse zu entkräften ist ein entscheidender Schritt, um das Stigma der Dissoziation zu beseitigen. Es ist entscheidend, Dissoziation als Bewältigungsstrategie und nicht als Zeichen von Schwäche zu sehen.

Empathie fördern: Menschen, die unter Dissoziation leiden, brauchen eine Atmosphäre, die sowohl mitfühlend als auch empathisch ist. Aufklärungs- und Bildungskampagnen tragen dazu bei, eine sachkundigere und hilfsbereitere Gemeinschaft zu schaffen.

Gesunde Bewältigungsmechanismen

Bewältigungsmechanismen sind Techniken, die Menschen anwenden, um mit Stress umzugehen, Hindernisse zu überwinden und ihr allgemeines Wohlbefinden zu steigern. Der Einsatz von Bewältigungsmechanismen, die das geistige, emotionale und körperliche Wohlbefinden fördern, ist Teil einer gesunden Bewältigung.

➤ Achtsames Bewusstsein

Prinzip: Die Entwicklung eines Bewusstseins für den gegenwärtigen Moment ohne Vorurteile ist ein Schlüsselelement der Achtsamkeit. Es ist eine Technik, die Menschen dazu einlädt, ganz im Hier und Jetzt zu leben.

Vorteile: Untersuchungen haben gezeigt, dass Achtsamkeitstechniken wie Meditation, tiefes Atmen und aufmerksame Beobachtung Stress reduzieren, die emotionale Kontrolle stärken und das allgemeine Wohlbefinden steigern.

➤ Emotionale Grenzen setzen

Bedeutung: Das Setzen emotionaler Grenzen beinhaltet das Erkennen und Respektieren individueller Grenzen während des emotionalen Austauschs. Dies beinhaltet das Bewusstsein der eigenen Bedürfnisse und Gefühle sowie der Bedürfnisse und Gefühle anderer.

Ermächtigung: Menschen sind besser in der Lage, ihre emotionale Gesundheit zu schützen, klar zu kommunizieren und stärkere Bindungen zu anderen aufzubauen, wenn sie emotionale Grenzen setzen und einhalten.

> **Förderung des kreativen Ausdrucks**

Kreativer Ausdruck: Das Schaffen von Kunst, Literatur oder Musik sind Beispiele für kreative Bemühungen, die eine positive Möglichkeit bieten, Gefühle und Erfahrungen auszudrücken.

Emotionale Befreiung: Indem es Menschen ermöglicht wird, komplizierte Emotionen auszudrücken und ihnen einen Sinn zu geben, kann kreativer Ausdruck als therapeutische Methode eingesetzt werden, um emotionale Befreiung und Selbstfindung zu fördern.

> **Beratung und Therapie**

Rolle: Die Inanspruchnahme professioneller Hilfe ist eine proaktive und hilfreiche Bewältigungsstrategie. Therapeuten bieten eine sichere Umgebung, in der Menschen Schwierigkeiten untersuchen, Verständnis erlangen und Bewältigungsmechanismen entwickeln können.

Behandlung entstigmatisieren: Die Annahme einer Behandlung trägt dazu bei, die Inanspruchnahme psychischer Hilfe zu entstigmatisieren. Es zeigt, wie wichtig es ist, die emotionale Gesundheit an erste Stelle zu setzen und das Wissen von Spezialisten für psychische Gesundheit zu nutzen.

> **Bewegung zur Priorität machen**

Körperliche Vorteile: Regelmäßige körperliche Aktivität senkt den Stresshormonspiegel, setzt Endorphine frei und hebt allgemein die Stimmung. Zudem hat sie viele weitere positive Auswirkungen auf die geistige Gesundheit.

Empowerment: Körperliche Aktivität schafft ein gutes Verhältnis zwischen körperlicher und geistiger Gesundheit, indem sie Menschen befähigt, aktiv an ihrem Wohlbefinden mitzuwirken.

> **Sich um sich selbst kümmern**

Definition: Selbstfürsorge ist die bewusste Einsetzung des eigenen Wohlbefindens als oberste Priorität. Sie umfasst eine Reihe von Maßnahmen, wie z. B. ausreichend Schlaf, eine gesunde Ernährung und angenehme und entspannende Aktivitäten.

Bedeutung: Um die allgemeine Gesundheit zu erhalten, muss die Selbstfürsorge an erster Stelle stehen. Dies unterstreicht die Notwendigkeit, Selbstmitgefühl zu üben und die Idee, dass jeder es verdient, mit bewusster Liebe und Fürsorge behandelt zu werden.

➢ **Unterstützungsnetzwerke aufbauen**

Gemeinschaftsverbindung: Eine der effektivsten Bewältigungsstrategien besteht darin, unterstützende Verbindungen aufzubauen und aufrechtzuerhalten. Soziale Unterstützung bietet Bestätigung, Inspiration und ein Gemeinschaftsgefühl.

Erfahrungen teilen: Durch das Knüpfen von Kontakten mit anderen, die Ihr Verständnis und Ihre Empathie teilen, ist es möglich, über Schwierigkeiten und Erfahrungen zu sprechen, was das Gefühl der Einsamkeit verringert und das Gemeinschaftsgefühl fördert.

➢ **SMART-Zielsetzung**

SMART-Ziele werden definiert als Spezifisch, Messbar, Erreichbar, Relevant und Zeitgebunden. Das Setzen erreichbarer und realistischer Ziele steigert die Motivation und fördert das Erfolgserlebnis.

Ermächtigung: Durch das Setzen von Zielen erhalten Menschen die Möglichkeit, die Kontrolle über ihr Leben zu übernehmen, schwierigere Aktivitäten in kleinere, überschaubarere Etappen aufzuteilen und auf dem Weg dorthin kleine Erfolge zu feiern.

➢ **Techniken zur Stressreduzierung**

Entspannungsmethoden: Progressive Muskelentspannung, tiefes Atmen und geführte Visualisierung sind einige

Strategien, die gut geeignet sind, um Spannungen abzubauen und Ruhe zu fördern.

Tägliche Integration: Die Einbeziehung von Entspannungstechniken in alltägliche Aktivitäten verbessert die allgemeine Gesundheit, verringert die negativen Auswirkungen von Stress und führt zu einem fokussierteren und ausgeglicheneren Leben.

Aufbau von Resilienz

Empowerment und Selbstwertgefühl

Der dynamische Prozess der Ermächtigung beinhaltet den Erwerb von Selbstsicherheit, Weisheit und Handlungsfreiheit, die erforderlich sind, um kluge Entscheidungen im Leben zu treffen. Eine proaktive Lebenseinstellung wird durch die Entwicklung innerer Stärke und Belastbarkeit gefördert.

➢ **Selbstbewusstsein**

Grundlage: Die Grundlage von Empowerment ist Selbsterkenntnis. Die Bestimmung der eigenen Werte, Stärken und Verbesserungsbereiche bietet eine solide Basis für gezieltes Handeln und fundierte Entscheidungen.

Reflektierende Praktiken: Tagebuchschreiben und Achtsamkeit sind zwei Beispiele für reflektierende Praktiken, die Menschen dabei helfen, sich selbst besser kennenzulernen und sich selbst zu entdecken.

> ### Selbstwertgefühl entwickeln

Selbstwahrnehmung: Die gesamte Selbstwahrnehmung einer Person wird als Selbstwertgefühl bezeichnet. Es hängt damit zusammen, wie Menschen ihre Werte, Talente und Beiträge zur Gesellschaft sehen.

Positiv vs. ungünstig: Der Aufbau einer positiven Selbstwahrnehmung ist eine Schlüsselkomponente für ein gesundes Selbstwertgefühl, wohingegen ein geringes Selbstwertgefühl durch mangelndes Selbstvertrauen und ungünstige Selbstbilder gekennzeichnet ist.

> ### Erkennen Sie Ihre innere Kraft

Resilienz kann als die Fähigkeit definiert werden, Schwierigkeiten zu überwinden, sich an neue Umstände anzupassen und angesichts von Widrigkeiten das eigene Wohlbefinden zu bewahren.

Resilienz fördern: Bewältigungsmechanismen zu entwickeln, Rückschläge als Entwicklungschancen zu sehen und aus ihnen zu lernen, sind Teil der Erkenntnis und Wertschätzung der eigenen Resilienz.

> ### Grenzen setzen

Definition: Einzelpersonen schaffen persönliche Grenzen, um ihre geistige, emotionale und körperliche Gesundheit zu schützen. Eine der wichtigsten Komponenten der Ermächtigung ist das Setzen und Teilen von Grenzen.

Gesunde Grenzen: Menschen, die ermächtigt sind, erkennen den Wert der Festlegung und Einhaltung gesunder Grenzen. Dazu gehört, Vorlieben zu äußern, für die eigenen Forderungen einzutreten und wenn nötig „Nein" zu sagen.

> **Negative Gedanken in Frage stellen**

Selbstzweifel erkennen: Selbstzweifel treten als selbstzerstörerische Vorstellungen und Meinungen bezüglich des eigenen Wertes oder der eigenen Fähigkeiten auf. Es bedarf der Selbstermächtigung, um diese Vorstellungen zu erkennen und ihnen entgegenzutreten.

Positive Affirmationen: Die Verwendung von Affirmationen und positivem Selbstgespräch zur Steigerung des Selbstwertgefühls und zur Beseitigung von Selbstzweifeln sind wirksame Möglichkeiten, die eigenen Fähigkeiten zu bestätigen.

> **Ziele setzen, die motivieren**

SMART-Ziele: Das Setzen von SMART-Zielen (spezifisch, messbar, erreichbar, relevant und zeitgebunden) trägt zur Stärkung der Selbstbestimmung bei. Das Setzen von Zielen gibt Ihnen Fokus, Inspiration und ein Erfolgserlebnis.

Erfolge feiern: Das Anerkennen und Loben kleiner Erfolge trägt dazu bei, dass sich die Menschen fähiger fühlen und gibt ihnen das Selbstvertrauen, größere Aufgaben zu übernehmen.

> **Eine Wachstumsmentalität entwickeln**

Änderung der Denkweise: Anstatt Schwierigkeiten als unüberwindbare Hindernisse zu betrachten, betrachtet eine wachstumsorientierte Denkweise sie als Chancen zur Entwicklung und zum Lernen. Sie fördert Anpassung, Belastbarkeit und den Glauben an das eigene Wachstumspotenzial.

Kontinuierliches Lernen: Menschen, die selbstbewusst sind, sehen das Leben als einen fortlaufenden Prozess des Wachstums und Lernens. Sie begrüßen Schwierigkeiten, bitten um Input und betrachten Misserfolge als Sprungbrett für den zukünftigen Erfolg.

> **Sich mit Positivität umgeben**

Positive Einflüsse: Sich mit optimistischen und ermutigenden Menschen zu umgeben, kann einem helfen, sich stärker zu fühlen. Gesunde Beziehungen fördern die positive Verstärkung der eigenen Stärken, Ermutigung und ein Gefühl der Zugehörigkeit.

Engagement in der Gemeinschaft: Die Teilnahme an Gruppen, die die gleichen Überzeugungen teilen, öffnet

Türen zu Kommunikation, Zusammenarbeit und gegenseitiger Unterstützung.

> **Selbstmitgefühl üben**

Definition: Selbstmitgefühl ist die Fähigkeit, freundlich und verständnisvoll zu sich selbst zu sein, insbesondere wenn man Schwierigkeiten hat oder scheitert. Es ist wesentlich für das Selbstwertgefühl und die Selbstbestimmung.

Widerstandsfähigkeit in der Not: Selbstbewusste und mitfühlende, widerstandsfähige Menschen akzeptieren, dass Misserfolge ein natürlicher Teil des Lebens sind und ihren Wert nicht mindern.

Support-Systeme

Unterstützungssysteme sind Gruppen von Menschen, die sich gegenseitig emotional, praktisch und manchmal auch finanziell helfen. Sie sind wichtig, um Hindernisse im Leben zu überwinden, Widerstandsfähigkeit aufzubauen und das allgemeine Wohlbefinden zu verbessern.

> **Arten von Unterstützungssystemen**
> * **Emotionale Unterstützung**

Emotionale Unterstützung ist die Fähigkeit, die Gefühle einer anderen Person nachzuempfinden, zu verstehen und zu bestätigen. Sie bietet eine sichere Umgebung ohne Kritik für den Ausdruck von Gefühlen.

Quellen: Emotionale Unterstützung kann oft von Freunden, Familie, Mentoren und Therapeuten erhalten werden. Empathische Äußerungen, sinnvolle Dialoge und aufmerksames Zuhören fördern die emotionale Gesundheit.

- **Rolle der Familienunterstützung**

Grundlage der Unterstützung: Familien sind häufig die wichtigste Quelle der Unterstützung. Bedingungslose Liebe, Sicherheit und Stabilität können in den Bindungen gefunden werden, die eine Familie vereinen.

Hindernisse überwinden: Die Unterstützung der Familie kann in schwierigen Zeiten sehr hilfreich sein, da sie emotionalen Beistand, nützliche Hilfe und ein Gemeinschaftsgefühl bietet.

- **Netzwerke professioneller Unterstützung**

Rolle: Professionelle Unterstützungsnetzwerke wie Therapeuten und Berater bieten spezifische Beratung bei emotionalen und psychischen Problemen.

Vertraulichkeit: Menschen können ihre Ideen und Gefühle ausdrücken, ohne Angst vor Verurteilung haben zu müssen, wenn sie professionelle Hilfe in Anspruch nehmen, was eine therapeutische Atmosphäre fördert.

- **Dynamik der Peer-Unterstützung**

Gegenseitiges Verständnis: Auf der Grundlage gegenseitigen Verständnisses können Freunde und Gleichgesinnte, die gemeinsam Ähnliches durchgemacht haben, eine besondere Art von Unterstützung bieten.

Gemeinsame Reisen: Der Aufbau von Beziehungen zu Menschen, die ähnliche Probleme hatten, fördert eine hilfreiche Atmosphäre für den Austausch von Ratschlägen, Bewältigungsstrategien und aufmunternden Worten.

- **Internetbasierte Selbsthilfegruppen**

Zugänglichkeit: In Online-Supportnetzwerken können Menschen interagieren, Erfahrungen austauschen und Hilfe leisten. Menschen aus unterschiedlichen Orten und mit unterschiedlichem Hintergrund können darauf zugreifen.

Anonymität und Offenheit: Die Menschen werden ermutigt, sich frei auszudrücken und um Rat zu fragen, ohne Angst vor einer Verurteilung haben zu müssen, da die Anonymität im Internet gewährleistet ist.

- **Unterstützung am Arbeitsplatz**

Teamdynamik: Ein angenehmes Arbeitsumfeld wird durch die Unterstützung von Vorgesetzten und Kollegen am Arbeitsplatz beeinflusst. Die Arbeitszufriedenheit wird durch Teamarbeit und Kameradschaftsgefühl gesteigert.

Flexible Richtlinien: Unternehmen, die das Wohlbefinden ihrer Mitarbeiter in den Vordergrund stellen, indem sie Programme zur psychischen Gesundheit implementieren, eine positive Unternehmenskultur pflegen und flexible Richtlinien anbieten, tragen ebenfalls zur Schaffung eines positiveren Arbeitsumfelds bei.

- **Die Gegenseitigkeit der Unterstützung**

Gegenseitige Hilfe: Gegenseitige Hilfe ist das Lebenselixier von Unterstützungssystemen. Menschen profitieren sowohl davon, Hilfe zu geben als auch davon, Hilfe zu erhalten, sowie davon, das Leben anderer zu verbessern.

Stärke der Gemeinschaft: Die Fähigkeit eines Unterstützungssystems, seine Mitglieder als Ganzes zu stärken und zu ermutigen, macht es so stark. Eine belastbare Gemeinschaft entsteht durch gemeinsame Erfahrungen, freundliche Taten und Ermutigung.

Gemeinsame Anpassung: Flexible Unterstützungsnetzwerke sind für Lebensübergänge wie Jobwechsel, Umzug oder das Erreichen wichtiger Meilensteine im Leben notwendig. Reibungslosere Anpassungen sind das Ergebnis von Übergangsflexibilität und Verständnis.

Erfolge würdigen: Um ein Gefühl gegenseitigen Glücks und Erfolgs zu fördern, sind Unterstützungsnetzwerke für die Würdigung von Leistungen und Meilensteinen von entscheidender Bedeutung.

> **Qualität vor Quantität**

Bedeutung: Beim Aufbau eines starken sozialen Netzwerks wird der Wert dauerhafter Verbindungen und nicht deren Quantität betont. Aufrichtige Beziehungen fördern das Gemeinschaftsgefühl und die gegenseitige Unterstützung.

Gemeinsame Werte: Der Aufbau von Verbindungen zu anderen, die die gleichen Überzeugungen, Leidenschaften und Bestrebungen haben, fördert das Gefühl der Zugehörigkeit und des Verständnisses.

Teil 5: Trauma-informierte Ansätze zur Heilung

Trauma-informierte Therapie

Kognitive Verhaltenstherapie (CBT)

Die kognitive Verhaltenstherapie (CBT) ist eine beliebte und wissenschaftlich fundierte Therapietechnik, die die komplexe Beziehung zwischen Ideen, Gefühlen und Verhalten untersucht. Sie zielt darauf ab, schädliche Denkmuster und Handlungen zu erkennen und zu ändern, um eine dauerhafte Verbesserung zu fördern.

> **Die Grundlagen der kognitiven Verhaltenstherapie**

Denkmuster erkennen Der Prozess der kognitiven Umstrukturierung beinhaltet das Erkennen und Bekämpfen ungünstiger Denkmuster, die belastende Gefühle hervorrufen. Ziel ist es, destruktive oder unvernünftige Ideen durch vernünftigere und realistischere zu ersetzen.

Methoden: Methoden wie kognitives Reframing, die Analyse der Vor- und Nachteile von Ideen und das Erkennen kognitiver Verzerrungen sind für die kognitive Umstrukturierung von wesentlicher Bedeutung.

> **Verhaltensaktivierung: Verknüpfung von Gedanken und Verhalten**

Die Verhaltenskomponente: Bei der Verhaltensaktivierung steht die Beziehung zwischen Vorstellungen und Handlungen im Vordergrund. Sie motiviert Menschen, an freudvollen oder erfüllenden Aktivitäten teilzunehmen, was wiederum angenehme Gedanken und Gefühle beeinflusst.

Aktivitätsplanung: Um den Kreislauf aus Vermeidung und Rückzug zu durchbrechen, erstellen Therapeuten gemeinsam mit den Klienten geplante Aktivitätspläne, die positive Verhaltensweisen schrittweise verstärken.

> **Erkennen kognitiver Fehler**

Alles-oder-Nichts-Denken: Die Tendenz, Dinge in starkem Kontrast zueinander wahrzunehmen und keine Grauzonen zu sehen.

Katastrophisieren bedeutet, vom Schlimmsten auszugehen.

Personalisierung: Unangemessene Verantwortung für Umstände übernehmen und die ganze Schuld anderen Kräften zuschieben.

Übervereinfachung: Extrapolation einer einzelnen ungünstigen Erfahrung auf jeden Aspekt der Existenz.

> **Festlegen von SMART-Zielen**

Ziele sollten präzise, klar definiert und zielgerichtet sein.

Messbar: Der Fortschritt der Zielerreichung kann gemessen oder visuell erkannt werden.

Erreichbar: Die Ziele sind erreichbar und vernünftig.

Relevant: Die Werte und Ziele einer Person stimmen mit ihren Zielen überein.

Zeitgebunden: Ziele müssen innerhalb einer bestimmten Zeit erreicht werden.

Die therapeutische Partnerschaft: Zusammenarbeit und Vertrauen fördern

Wesen der Allianz: Der Eckpfeiler einer effektiven kognitiven Verhaltenstherapie ist die therapeutische

Allianz. Sie beinhaltet die Entwicklung einer kooperativen und vertrauensvollen therapeutischen Allianz zwischen Klient und Therapeut.

Offene Kommunikation: Während des gesamten Therapieprozesses sollten sich die Klienten gehört, verstanden und unterstützt fühlen. Dies wird durch die Förderung einer Atmosphäre offener Kommunikation in einer konstruktiven therapeutischen Partnerschaft gewährleistet.

> **Expositionstherapie: Ängste schrittweise konfrontieren**

Bei der Expositionstherapie handelt es sich um eine Verhaltensstrategie, bei der angstauslösende Umstände oder Sorgen schrittweise konfrontiert und überwunden werden.

Systematische Desensibilisierung: Indem Therapeuten Patienten durch einen methodischen Prozess der Konfrontation mit beängstigenden Umständen führen, ermöglichen sie eine schrittweise Verringerung der Angstreaktionen.

> **Achtsamkeitsintegration**

Um das Bewusstsein für den gegenwärtigen Moment zu verbessern, werden in die kognitive Verhaltenstherapie häufig Achtsamkeitsübungen einbezogen. Indem Achtsamkeit es den Menschen ermöglicht, ihre Gedanken objektiv zu betrachten, fördert sie eine umfassende Sichtweise.

Die Achtsamkeitsbasierte Kognitive Therapie (MBCT) unterbricht negative Denkprozesse, um das Wiederauftreten einer Depression zu verhindern. Sie kombiniert die Konzepte der kognitiven Verhaltenstherapie mit Achtsamkeit.

➤ Gedanken und Gefühle dokumentieren

Um ihre negativen Gedanken, die dadurch ausgelösten Gefühle und ihre alternativen, ausgewogenen Ideen im Auge zu behalten, führen Klienten Gedankenprotokolle.

Tagebuchtechniken: Das Führen eines Tagebuchs bietet Ihnen eine konkrete Möglichkeit, Ihren Fortschritt und die Erkenntnisse, die Sie durch die Behandlung gewinnen, zu dokumentieren. Es hilft Ihnen auch, über sich selbst nachzudenken.

Desensibilisierung und Verarbeitung durch Augenbewegungen (EMDR)

Eine Behandlungsstrategie namens Eye Movement Desensitization and Reprocessing (EMDR) zielt darauf ab, das durch traumatische Erinnerungen hervorgerufene Leiden zu lindern. Seit ihrer Erfindung in den späten 1980er Jahren durch Francine Shapiro ist sie für ihre Wirksamkeit bei der Behandlung einer Vielzahl von Traumata bekannt.

> ### Das Adaptive Information Processing Model (AIP)

Gedächtnisnetzwerke: Das AIP-Modell, das die Grundlage von EMDR bildet, geht davon aus, dass insbesondere traumatische Erlebnisse zur Entwicklung maladaptiver Gedächtnisnetzwerke führen können. Psychische Symptome und emotionale Qualen werden durch diese Netzwerke verschlimmert.

Bilaterale Stimulation: Um beide Gehirnhälften zu aktivieren, verwendet EMDR eine bilaterale Stimulation, die üblicherweise durch seitliche Augenbewegungen erreicht wird. Dieses Verfahren fördert die adaptive Integration, indem es die Wiederverarbeitung schmerzhafter Erinnerungen erleichtert.

> ### Die acht Phasen der EMDR-Therapie

- Phase 1: Behandlungsplanung und Anamnese

Bewertung: Der Therapeut nimmt eine gründliche Bewertung vor und informiert sich über die vergangenen Traumaerfahrungen des Klienten, die aktuellen Symptome und den aktuellen Gesundheitszustand. Gemeinsam erstellen sie einen Behandlungsplan.

- Phase 2: Einrichtung

Sicherheit schaffen: Der Therapeut hilft dem Klienten, ein Gefühl der Sicherheit zu entwickeln und vermittelt ihm Methoden zur Stressreduzierung. Den Klienten wird beigebracht, wie sie aufwühlende Emotionen durch die Nutzung eines „sicheren Ortes" oder „Behälters" kontrollieren können.

- Phasen 3–6: Desensibilisierung

Erinnerungen gezielt ansprechen: Der Therapeut hilft dem Klienten, sich auf bestimmte Erinnerungen zu konzentrieren, während er gleichzeitig eine bilaterale Stimulation durchführt. Das Ziel dieser Phase besteht darin, die emotionale Wirkung schmerzhafter Erinnerungen zu verringern.

Verarbeitung und Integration: Durch die Neuverarbeitung negativer Überzeugungen und die Integration adaptiverer Überzeugungen verringert sich das emotionale Leiden des Klienten, während er die Erinnerungen aufarbeitet.

- Phase 7: Installation

Positive Kognition: Der Therapeut arbeitet mit dem Klienten zusammen, um Affirmationen oder positive Überzeugungen zu entwickeln und umzusetzen, die die negativen Vorstellungen, die durch die traumatischen Erlebnisse entstanden sind, ausgleichen sollen.

- Phase 8: Körperscan

Auswertung körperlicher Empfindungen: Der Klient und der Therapeut besprechen alle verbleibenden körperlichen Belastungen oder Gefühle, die mit den erinnerten Erlebnissen zusammenhängen. Bei Bedarf wird eine bilaterale Stimulation eingesetzt, um die weitere Verarbeitung zu fördern.

- Phasen 9–12: Neubewertung und Abschluss

Erdungsstrategien: Nach jeder Sitzung hilft der Therapeut dem Klienten, Erdungsstrategien anzuwenden, um sicherzustellen, dass er sich stabil und unter Kontrolle fühlt.

Neubewertung: Der Therapeut beurteilt die Entwicklung des Patienten in späteren Sitzungen erneut und befasst sich mit etwaigen nicht verarbeiteten Schmerzen oder damit verbundenen Erinnerungen.

> ### **Techniken zur bilateralen Stimulation**
- Augenbewegungen

Geführte Augenbewegungen: Die beliebteste Art der bilateralen Stimulation ist das Sehen eines visuellen Reizes oder die Handbewegungen des Therapeuten, während dieser sich von einer Seite zur anderen bewegt.

- Auditive und taktile Stimulation

Klopfgeräte und Summer: Handgeräte, die beidseitige taktile oder akustische Stimulation bieten, wie etwa Klopfgeräte, oder akustische Reize, wie etwa Summer, können als Ersatz für Augenbewegungen verwendet werden.

> ### **EMDR für verschiedene Arten von Traumata**
- Unterschiedliche Traumata und PTBS

Wirksam bei PTBS: EMDR ist eine anerkannte Behandlung der Posttraumatischen Belastungsstörung (PTBS), insbesondere bei der Verarbeitung isolierter traumatischer Erlebnisse.

- Komplexe und Entwicklungstraumata

Bewältigung von Komplexität: EMDR wurde angepasst, um komplexe Traumata bewältigen zu können, wozu auch Entwicklungstraumata gehören, die durch lang anhaltende schlimme Ereignisse in der Kindheit verursacht wurden.

Neurobiologische Veränderungen und EMDR: Auswirkungen auf die Gehirnfunktion

Neuroplastizität: Man geht davon aus, dass EMDR durch die Förderung der Neuroplastizität Veränderungen in Gehirnschaltkreisen erleichtert, die mit traumatischen Erinnerungen in Zusammenhang stehen.

Integration traumatischer Erinnerungen: EMDR erleichtert die Integration traumatischer Erinnerungen in die umfassendere Lebensgeschichte einer Person während der Verarbeitungsphasen.

> **Forschung und Wirksamkeit**

Forschungsergebnisse: Die Wirksamkeit von EMDR bei der Verringerung traumabezogener Symptome wurde in mehreren Studien nachgewiesen, wobei die Ergebnisse mit denen der herkömmlichen kognitiven Verhaltenstherapie vergleichbar sind.

> **Sicherstellung ethischer Praktiken**

Informierte Zustimmung: Beim Einsatz von EMDR stellen Therapeuten sicher, dass ihre Klienten über den Therapieablauf, die möglichen Ergebnisse und ihr Recht, dieser zuzustimmen oder sie abzulehnen, informiert sind.

Kulturelle Kompetenz: EMDR-Praktiker legen großen Wert auf kulturelle Kompetenz und erkennen eine Reihe kultureller Erfahrungen und Sichtweisen an und würdigen diese.

Dialektisch-Behaviorale Therapie (DBT)

Dr. Marsha M. Linehan entwickelte die dialektische Verhaltenstherapie (DBT) als therapeutische Technik. DBT wurde zunächst entwickelt, um Menschen mit Borderline-Persönlichkeitsstörung (BPS) und anhaltenden Selbstmordgedanken zu behandeln. Seitdem hat es sich zu einem flexiblen Ansatz zur Behandlung einer breiten Palette emotionaler und verhaltensbezogener Probleme entwickelt.

> **Die philosophische Dialektik: Veränderung und Akzeptanz in Einklang bringen**

Dialektik: DBT basiert auf der Idee der Dialektik, die die Verschmelzung von Vorstellungen betont, die auf den ersten Blick unvereinbar erscheinen. Die Behandlung fördert die Herstellung eines Gleichgewichts zwischen dem Wunsch nach Veränderung und der Selbstakzeptanz.

Bestätigung und Veränderung: Die Klienten werden dazu angehalten, Veränderungen für ein erfüllteres Leben herbeizuführen und erhalten gleichzeitig Bestätigung für ihre bestehenden Erfahrungen und Gewohnheiten.

➢ **Die vier Module der DBT**

• Achtsamkeitsfähigkeiten

Bewusstsein für den gegenwärtigen Moment: Die Entwicklung eines Bewusstseins für den gegenwärtigen Moment ohne Urteil ist ein Schlüsselelement der Achtsamkeit in der DBT. Klienten erhalten die Fähigkeit, ihre Gefühle und Gedanken wahrzunehmen, ohne überwältigt zu werden.

Übungen zur Achtsamkeit: Bei der Entwicklung der Achtsamkeitsfähigkeiten stehen Methoden wie aufmerksames Atmen, distanziertes Denken bei der Beobachtung und regelmäßige Achtsamkeitsübungen im Mittelpunkt.

• Fähigkeiten zur Stresstoleranz

Umgang mit Stress: Menschen mit Stresstoleranz können Stresssituationen bewältigen, ohne auszurasten. Zu den Strategien zählen Ablenkung, Selbstberuhigung und radikale Akzeptanz.

Die Wahrheit akzeptieren: Ob sie nun herausfordernd oder schmerzhaft ist, radikale Akzeptanz bedeutet, die Wahrheit zu erkennen und anzunehmen, ohne zu urteilen.

- Fähigkeiten zur Emotionskontrolle

Emotionen verstehen und kontrollieren: Die Fähigkeit, Emotionen zu regulieren, ermöglicht es Menschen, starke Gefühle zu erkennen und effizient damit umzugehen. Die Entwicklung guter emotionaler Erfahrungen, gegensätzlicher Handlungen und emotionaler Benennung sind einige der Techniken.

Sich der Emotionen bewusst sein: Durch Emotionskontrolle und Achtsamkeit wird betont, sich der Emotionen bewusst zu sein, ohne von ihnen überwältigt zu werden.

- Fähigkeiten für zwischenmenschliche Effektivität

Fähigkeiten zur zwischenmenschlichen Effektivität konzentrieren sich auf die Verbesserung von Beziehungen und Kommunikation. Den Klienten wird beigebracht, wie man Forderungen durchsetzt, Grenzen setzt und zwischenmenschliche Konflikte löst.

LIEBER MANN: Um eine selbstbewusste Kommunikation zu erleichtern, wird im zwischenmenschlichen Erfolg das Akronym LIEBER MANN (Beschreiben, Ausdrücken, Behaupten, Verstärken, Aufmerksam bleiben, Selbstbewusst erscheinen, Verhandeln) verwendet.

> **Die therapeutische Beziehung in der DBT**

Balance zwischen Veränderung und Akzeptanz in der Therapie: DBT-Therapeuten helfen Klienten, indem sie während der Bearbeitung des dialektischen Problems eine Balance zwischen Veränderung und Akzeptanz herstellen. Sie unterstützen den Fortschritt und bestätigen gleichzeitig die Erfahrungen ihrer Klienten.

Kollaborativer Ansatz: DBT-Therapiebeziehungen sind ehrlich und kooperativ. Gemeinsam legen Therapeut und Patient Therapieziele fest, entwickeln Taktiken und überwinden Hindernisse.

> **Verhaltenskettenanalyse: Zielgerichtetes Bekämpfen problematischen Verhaltens**

Verhaltensmuster erkennen: Eine Methode zum Aufschlüsseln und Verstehen der Ereignisketten, die zu schädlichem Verhalten führen, ist die Verhaltenskettenanalyse. Klienten und Therapeuten untersuchen gemeinsam Auslöser, Ideen, Emotionen und Verhaltensweisen.

Alternativen schaffen: Durch Recherche erwerben Klienten Wissen über mögliche Reaktionen und Bewältigungsmechanismen für vergleichbare Situationen in der Zukunft.

➤ **DBT nutzen: Über die Borderline-Persönlichkeitsstörung hinausgehen**

Vielseitigkeit der DBT: Obwohl die DBT ursprünglich zur Behandlung der Borderline-Persönlichkeitsstörung (BPS) entwickelt wurde, hat sie sich auch bei der Behandlung von Essstörungen, Stimmungsstörungen, Drogenmissbrauch und posttraumatischen Belastungsstörungen (PTBS) als vielversprechend erwiesen.

Anpassungen für verschiedene Umgebungen: DBT ist in zahlreichen therapeutischen Kontexten anwendbar und wurde für den Einsatz in Gruppentherapien, Einzeltherapien und intensiven ambulanten Programmen modifiziert.

➤ **Gruppenbasiertes Lernen**

Organisierter Lehrplan: Achtsamkeit, Stresstoleranz, Emotionsregulierung und zwischenmenschliche Effektivität werden alle im organisierten Lehrplan behandelt, an den sich DBT-Fertigkeitstrainingsgruppen halten.

Peer-Support: Gruppenumgebungen bieten Möglichkeiten zum Üben von Fähigkeiten, gemeinsamen Erfahrungen und Peer-Support, was ein Gefühl von Verständnis und Gemeinschaft fördert.

➤ **Ergebnismessung**

Objektive Beurteilung: DBT verwendet Ergebnismaße, um die Wirksamkeit der Therapie objektiv zu beurteilen. Verhaltensänderungen, emotionale Kontrolle und allgemeines Wohlbefinden werden verfolgt.

Ganzheitliche Heilungsansätze

Achtsamkeit und Meditation

Achtsamkeit ist die Entwicklung eines Bewusstseins für den gegenwärtigen Moment bei gleichzeitiger Beibehaltung einer akzeptierenden und nicht wertenden Geisteshaltung. Dabei wird eine starke Verbindung mit der gegenwärtigen Erfahrung aufgebaut, indem man auf Ideen, Gefühle, Empfindungen und die Umgebung achtet.

> ➤ **Die Essenz der Achtsamkeit**

Vollkommen präsent sein: Achtsamkeit legt großen Wert darauf, im gegenwärtigen Moment zu leben, unbelastet von Sorgen oder Ablenkungen.

Sensorische Einbindung: Ob es der Geschmack des Essens, die Wärme der Sonne oder das Gefühl des Atems ist, die Praktizierenden nutzen alle ihre Sinne, um die Fülle jedes Augenblicks voll und ganz zu würdigen.

Stressabbau: Untersuchungen haben gezeigt, dass Achtsamkeitsübungen Stress abbauen können, indem sie ein nicht-reaktives Bewusstsein für Stressfaktoren fördern und die Bewältigungsfähigkeiten stärken.

Emotionale Regulierung: Achtsamkeit ermöglicht es Menschen, ihre Gefühle zu erkennen und zu kontrollieren, was eine gelassene und mitfühlende Reaktion auf schwierige Umstände fördert.

➤ **Meditation verstehen**

Zentrierung des Geistes: Meditation ist eine konzentrierte Technik, bei der die Aufmerksamkeit nach innen gerichtet wird, häufig durch Mantra-Wiederholung, Atembewusstsein oder bildliche Darstellung.

Präsenz kultivieren: Menschen können ihr Bewusstsein im täglichen Leben verbessern, indem sie ihren Gedanken durch regelmäßige Meditation beibringen, präsent zu bleiben.

➤ **Arten der Meditation**
- Meditationstechniken

Atembewusstsein: Achtsamkeitsmeditation beginnt häufig mit konzentrierter Aufmerksamkeit auf den Atem. Indem sie auf jedes Ein- und Ausatmen achten, verankern sich die Praktizierenden im Hier und Jetzt.

Body Scan: Diese Technik schult das Bewusstsein für körperliche Empfindungen, indem die Aufmerksamkeit systematisch auf verschiedene Körperbereiche gelenkt wird.

* Meditation der liebenden Güte

Mitgefühl entwickeln: Bei der Meditation der liebenden Güte sendet man sowohl sich selbst als auch anderen Menschen gute Gedanken und Absichten. Es kultiviert Gefühle der Güte, Liebe und des Mitgefühls.

Mantras und Affirmationen: Personen, die sie verwenden, wiederholen Sätze wie „Möge ich glücklich sein, möge ich gesund sein" oder senden ähnliche Gedanken und Wünsche an andere Menschen aus.

> **Anwendungsmöglichkeiten von Achtsamkeit im Alltag**

Jeden Bissen zu genießen, sich auf Aromen und Empfindungen zu konzentrieren und während der Mahlzeiten vollkommen präsent zu sein, sind alles Bestandteile des achtsamen Essens.

Gehmeditation: Indem sie sich auf jeden Schritt, das Gefühl der Bewegung und die Umgebung konzentrieren, bringen die Praktizierenden Achtsamkeit ins Gehen.

> **Eine Achtsamkeitsroutine entwickeln: Einheitlichkeit schaffen**

Fangen Sie klein an: Anfänger können mit kurzen Sitzungen beginnen und diese nach und nach verlängern, wenn sie mit der Technik vertrauter werden.

Regelmäßiges Muster: Um ein regelmäßiges Muster für die Achtsamkeitspraxis zu etablieren, muss jeden Tag eine feste Zeit dafür festgelegt werden.

> **Technologie nutzen**

Zugängliche Tools: Achtsamkeitsanwendungen bieten tägliche Erinnerungen, Atemübungen und geführte Meditationen und machen die Praxis so Menschen mit unterschiedlichen Zeitplänen zugänglich.

Online-Communitys: Dies sind Online-Gruppen, die Praktiker zusammenbringen und Informationen, Unterstützung und Erfahrungen anderer bereitstellen.

> **Techniken zur Stressreduzierung**

Konzentriertes Atmen: Durch die Auslösung einer Entspannungsreaktion des Körpers können einige bewusste, tiefe Atemzüge dabei helfen, in Stresssituationen Spannungen abzubauen.

Bewusste Pause: Durch das Einbeziehen kurzer Pausen der Achtsamkeit in den Tagesablauf können sich Menschen neu orientieren und Hindernissen klarer begegnen.

> **Neurologische Auswirkungen**

Veränderungen im Gehirn: Studien zeigen, dass Achtsamkeitstraining die Struktur des Gehirns verändern kann, insbesondere in Regionen, die mit Selbstbewusstsein, emotionaler Kontrolle und Aufmerksamkeit zusammenhängen.

Regulierung von Stresshormonen: Studien haben gezeigt, dass Achtsamkeit den Stresshormonspiegel senkt, was sich positiv auf das allgemeine Wohlbefinden auswirkt.

Kunst- und Ausdruckstherapien

Kunst- und Ausdruckstherapien umfassen eine Vielzahl kreativer Methoden wie bildende Kunst, Musik, Tanz, Theater und Schreiben. Diese Therapieformen nutzen den künstlerischen Ausdruck als Mittel zur Förderung des

Selbstbewusstseins, der emotionalen Genesung und der persönlichen Entwicklung.

> **Nonverbalen Ausdruck freisetzen: Die heilende Kraft der Kunst**

Mehr als Worte: Durch Kunst können Menschen Ideen, Gefühle und Erfahrungen mitteilen, die sich mündlich nur schwer auf neuartige Weise vermitteln ließen.

Symbolische Sprache: Menschen können komplizierte Gefühle und Geschichten durch künstlerische Schöpfungen ausdrücken, die häufig als symbolische Darstellungen dienen.

> **Bildende Kunst Psychotherapie**
* Zeichnen und Malen

Kreatives Forschen: Die Leinwand für kreatives Forschen wird durch Malen und Skizzieren bereitgestellt. Klienten können ihre innere Welt durch die Verwendung von Farben, Formen und Texturen ausdrücken.

Metaphern und Bilder: Um mehr über die unterbewussten Prozesse eines Klienten zu erfahren, untersuchen

Therapeuten häufig die Metaphern und Bilder in Kunstwerken.

- Collage und Skulptur

Taktiler Ausdruck: Praktischer, taktiler Ausdruck ist ein Merkmal von Collagen und Skulpturen. Kunden können ihre Gefühle mit mehreren Sinnen erkunden, wenn sie mit verschiedenen Materialien arbeiten.

Transformation und Integration: Der Formungs- und Zusammenbauprozess der Materialien spiegelt die Erfahrungen des Klienten während der Behandlung wider und stellt eine Transformation und Integration dar.

> **Musiktherapie**

Emotionale Resonanz: Um Emotionen hervorzurufen und zu erforschen, nutzt die Musiktherapie die emotionale Resonanz des Klangs. Stimme, Rhythmus und Instrumente werden zu Ausdrucksmitteln.

Kunden haben die Möglichkeit, an musikalischer Improvisation oder Komposition teilzunehmen, was es ihnen ermöglicht, einzigartige Darstellungen ihrer Gefühle und Erfahrungen zu schaffen.

> **Bewegungstherapie und Tanzen**

Der Körper als Leinwand: Der Körper wird in der Tanz- und Bewegungstherapie als Ausdrucksmedium verwendet. Klienten verwenden Bewegung als Sprache, um ihre Gefühle und Geschichten auszudrücken.

Die Förderung des somatischen Bewusstseins oder die Entwicklung eines tieferen Wissens über sich selbst durch die Verbindung mit den eigenen körperlichen Gefühlen und Bewegungen ist ein wichtiger Bestandteil des therapeutischen Prozesses.

> **Theatralische Untersuchung**

Zur Dramatherapie gehören Rollenspiele und Geschichtenerzählen, bei denen die Patienten Geschichten oder Charaktere nachspielen, die mit ihren Erlebnissen in Zusammenhang stehen.

Ermächtigung und Katharsis: Durch die Übernahme verschiedener Rollen erhalten die Klienten die Möglichkeit, ihre eigenen Geschichten zu untersuchen und neu zu interpretieren, während dies zugleich als kathartische Entlastung dient.

> **Literarische Komposition**

Tagebuchschreiben und Nachdenken: Patienten der Schreib- und Poesietherapie werden dazu angehalten,

Tagebuch zu führen, nachdenklich zu schreiben oder Gedichte zu verfassen, um sich selbst auszudrücken.

Klienten nutzen Metaphern und Erzählungen, um persönliche Erfahrungen mitzuteilen, was ihnen hilft, ihre Gefühle und Standpunkte besser zu verstehen.

➢ Integration expressiver Therapien

Ganzheitliche Integration: Viele Therapeuten verwenden multimodale Techniken und kombinieren viele Ausdrucksmodalitäten, um den Klienten eine Vielzahl individueller Erkundungswege zu ermöglichen.

Individuelle Behandlungspläne: Um einen maßgeschneiderten und erfolgreichen Ansatz zu gewährleisten, erstellen Therapeuten Behandlungspläne basierend auf den Vorlieben, Stärken und therapeutischen Zielen des Klienten.

➢ Ausdruckstherapien in verschiedenen Kontexten einsetzen

Einzel- und Gruppenkontexte: Ausdruckstherapien können in zahlreichen Kontexten eingesetzt werden, darunter in Initiativen zur Öffentlichkeitsarbeit, Gruppenseminaren und individuellen Behandlungssitzungen.

Engagement in der Gemeinschaft: Kunst- und Ausdruckstherapien sind nicht auf klinische Umgebungen beschränkt; sie werden auch in Schulen, Organisationen und Gemeinschaftsprojekten eingesetzt, die die psychische Gesundheit und das Wohlbefinden fördern.

➤ **Heilungsnarrative schaffen**

Gemeinsame Erkundung: Als Teil des therapeutischen Prozesses erkunden Klient und Therapeut gemeinsam und schreiben gemeinsam Geschichten der Genesung und Veränderung.

Stärkung durch Schöpfung: Durch die aktive Teilnahme an ihrem Therapieprozess und die Entwicklung eines Gefühls der Handlungsfähigkeit erlangen Klienten Stärkung durch den Akt der Schöpfung.

Teil 6:
Interessenvertretung und Prävention

Die Bedeutung von Interessenvertretung

Unterstützung für Überlebende

> ➤ **Trauma und Überleben verstehen**

Ereignisse, die für eine Person zu viel sind, werden als Trauma bezeichnet und haben häufig lang anhaltende emotionale und psychologische Auswirkungen. Das Leben nach einem Trauma zu meistern, einschließlich des Weges zur Genesung und Belastbarkeit, ist die Essenz des Überlebens.

> ➤ **Vertrauen fördern**

Vertrauen als Grundlage: Um Überlebende zu ermutigen, muss Vertrauen aufgebaut werden. Um eine sichere Umgebung zu schaffen, sind einfühlsames Verhalten, aufmerksames Zuhören und die Achtung der Privatsphäre erforderlich.

Vorurteilsfreies Umfeld: Überlebende möchten die Gewissheit haben, dass andere Mitgefühl für ihre Erfahrungen haben und sie verstehen, wodurch ein vorurteilsfreies Umfeld geschaffen wird.

> **Effektive Kommunikation**

Bestätigung durch Zuhören: Aktives Zuhören bedeutet, den Überlebenden Ihre volle Aufmerksamkeit zu schenken, ihre Erfahrungen anzuerkennen und sie ihre Gefühle ohne Unterbrechungen ausdrücken zu lassen.

Reflektierte Reaktionen: Durchdachte Antworten geben den Leuten das Gefühl, bestätigt zu sein, da sie dadurch die Gewissheit haben, dass ihre Bemerkungen gehört und verstanden werden.

> **Die Wirkung erkennen**

Aufklärung über Traumareaktionen: Psychoedukation normalisiert Emotionen und verringert Selbstvorwürfe, indem sie Überlebenden hilft, die Auswirkungen eines Traumas auf das Gehirn und die Emotionskontrolle zu verstehen.

Häufige Mythen aufklären: Durch die Aufdeckung von Mythen und Missverständnissen rund um ein Trauma können Überlebende erkennen, dass ihre Gefühle typische Reaktionen auf ungewöhnliche Ereignisse sind.

> **Autonomie bei der Entscheidungsfindung**

Die Entscheidungen der Überlebenden respektieren: Ein Teil der Ermächtigung besteht darin, die Freiheit der Überlebenden zu respektieren, ihre eigenen Entscheidungen zu treffen. Wenn man den Einzelnen Wahlmöglichkeiten und Autorität über ihren Genesungsprozess gibt, stärkt das ihr Selbstbewusstsein.

Informierte Entscheidungen treffen: Indem wir Überlebenden Zugang zu Wissen geben, können sie fundierte Entscheidungen über ihren Therapieverlauf treffen, was ihnen hilft, sich gestärkt und unterstützt zu fühlen.

> **Ganzheitlicher Ansatz**

Auslöser verstehen: Das Erkennen und Verstehen möglicher Stressfaktoren für Überlebende ermöglicht die Entwicklung präventiver Maßnahmen zur Kontrolle emotionaler Reaktionen.

Erstellen eines gemeinsamen Plans: Ein traumasensibler und umfassender Ansatz zur Genesung wird gewährleistet, wenn gemeinsam ein Behandlungsplan entwickelt wird, der die spezifischen Anforderungen des Überlebenden berücksichtigt.

➢ **Stärkenbasierter Ansatz**

Resilienz erkennen: Es ist wichtig, die Resilienz und Stärken der Überlebenden anzuerkennen. Indem sie sich auf ihre Stärken konzentrieren, können sie Bewältigungsmechanismen und eine positive Einstellung entwickeln.

Entwicklung von Bewältigungsfähigkeiten: Indem wir Überlebenden helfen, ihre Bewältigungsmechanismen zu entwickeln und zu verfeinern, geben wir ihnen die Werkzeuge an die Hand, die sie brauchen, um mit Hindernissen und Belastungen umzugehen.

➢ **Sekundäre Traumata angehen**

Verständnis für das Nebentrauma: Unterstützung von Betreuern von Überlebenden, die unter einem Nebentrauma leiden könnten. Um ihr Wohlbefinden zu gewährleisten, ist es unerlässlich, Ressourcen, Aufsicht und Praktiken zur Selbstfürsorge bereitzustellen.

Burnout vorbeugen: Durch die Förderung von Selbstfürsorgeverhalten können Pflegekräfte ihre geistige Gesundheit bewahren und Überlebende langfristig wirksam unterstützen.

> **Herstellen einer Verbindung mit Supportsystemen**

Verbindung mit verfügbaren Ressourcen herstellen: Durch die Herstellung von Verbindungen zwischen Überlebenden und Netzwerken, Selbsthilfegruppen und Community-Ressourcen wird garantiert, dass sie neben Einzelsitzungen auch fortlaufende Unterstützung erhalten.

Aufbau eines Netzwerks: Die Förderung von Kontakten zu anderen Überlebenden fördert das Gemeinschaftsgefühl, da Erfahrungen ausgetauscht und gegenseitige Ermutigung gewährt werden können.

> **Kompetenz in Kultur**

Kulturelle Sensibilität: Es ist wichtig, die Vielfalt der Überlebenden, einschließlich ihrer unterschiedlichen kulturellen Herkunft, anzuerkennen und wertzuschätzen. Die Bereitstellung individueller Hilfe wird durch kulturelle Kompetenz gewährleistet.

Abbau von Barrieren: Durch die Beseitigung kultureller Barrieren werden Dienstleistungen zugänglicher, indem ein integratives und ermutigendes Umfeld gefördert wird.

> **Spezialisierte Ansätze**

Evidenzbasierte Ansätze: Auf die besonderen Bedürfnisse von Überlebenden kann in traumaspezifischen Behandlungen wie EMDR, CBT oder DBT eingegangen werden. Zielgerichtete und erfolgreiche Behandlungen werden durch die Anwendung evidenzbasierter Strategien sichergestellt.

Ganzheitliche Integration: Durch die Integration verschiedener Therapiemethoden wird ein ganzheitlicher Ansatz ermöglicht, der die psychologischen, kognitiven und physischen Komponenten der Erfahrung des Überlebenden berücksichtigt.

Bewusstsein schaffen

Sensibilisierung ist eine wirksame Methode, um Situationen, die Aufmerksamkeit erfordern, ans Licht zu bringen. Ob soziale, ökologische oder gesundheitliche Probleme – das Hauptziel dieses Kapitels besteht darin, das Bewusstsein für [bestimmtes Problem] zu schärfen.

➢ Den Wandel vorantreiben

Dialog initiieren: Bewusstseinsbildung wirkt als Katalysator für wichtige Gespräche, die wiederum Veränderungen bewirken. Sie fordert die Menschen auf, als Einzelpersonen, Gruppen und die Gesellschaft über die relevanten Themen zu sprechen.

Sensibilisierung: Eine Sensibilisierung führt häufig zu stärkeren Kampagnen. Wenn die Menschen wissen, wie ernst die Situation ist, sind sie eher bereit, die Sache zu unterstützen und auf Veränderungen zu drängen.

> **Bestimmung der Zielgruppe**

Interaktion anpassen: Um die Wirkung zu optimieren, ist es entscheidend, die Zielgruppe zu erkennen und zu verstehen. Wenn die Kommunikation für die Zielgruppe relevanter und interessanter gestaltet wird, ist der Erfolg von Sensibilisierungskampagnen garantiert.

Nutzung vielfältiger Kanäle: Sensibilisierungskampagnen können durch die Nutzung vielfältiger Kommunikationskanäle, wie etwa soziale Medien und Community-Aktivitäten, ein breiteres Publikum erreichen und leichter zugänglich sein.

> **Erstellen spannender Erzählungen**

Das Problem menschlicher machen: Persönliche Geschichten zu erzählen, macht die Sache nachvollziehbarer. Persönliche Berichte fördern Empathie und ein Gefühl der Verbundenheit, was einem größeren Publikum hilft, sich mit dem Problem zu identifizieren.

Auswirkungen aufzeigen: Die Betonung des Einflusses in der realen Welt trägt dazu bei, zu bekräftigen, dass die Bemühungen jedes Einzelnen zusammen mit Ermutigung zu positiven Veränderungen führen können.

> ### **Die Technologie optimal nutzen: Digitale Plattformen**

Kampagnen in sozialen Medien: Die volle Nutzung sozialer Medien fördert Sensibilisierungsinitiativen. Virale Inhalte, teilbare Bilder und gezielte Botschaften verbreiten sich über digitale Medien.

Interaktive Websites: Die Einrichtung interaktiver Websites oder Foren dient als zentraler Ort für die Einbindung, Ressourcen und Informationen der Community.

> ### **Zusammenarbeit mit Influencern: Stimmen stärken**

Zusammenarbeit mit Influencern: Die Zusammenarbeit mit Influencern oder Personen mit viel Einfluss und Reichweite kann die Sensibilisierung von Kampagnen erheblich steigern. Ihre Unterstützung verleiht dem Anliegen Legitimität und Bekanntheit.

Fürsprache von Prominenten: Durch die Einbindung von Prominenten, die sich für die Sache begeistern, wird ein öffentlichkeitswirksames Element hinzugefügt und die Aufmerksamkeit eines breiteren Publikums erregt.

> **Initiativen für Bildung**

Aufnahme von Sensibilisierungsthemen in den Lehrplan: Die Aufnahme von Sensibilisierungsthemen in den Lehrplan der Schulen garantiert, dass die nächste Generation gebildet ist und darauf vorbereitet ist, an wichtigen Gesprächen teilzunehmen.

Engagement der Jugend: Wenn man Schülern die Freiheit gibt, Sensibilisierungskampagnen anzuführen, fördert das das soziale Bewusstsein und ein Verantwortungsgefühl.

> **Beteiligung der Community: Lokale Veranstaltungen**

Workshops organisieren: Durch die Organisation lokaler Veranstaltungen, Workshops oder Seminare kann das Anliegen die Community direkt erreichen. In diesen interaktiven Foren sind direkte Interaktion und Frage-und-Antwort-Runden möglich.

Partnerschaften in der Gemeinde: Die Zusammenarbeit mit nahegelegenen Unternehmen und Gruppen stärkt die Verbindungen innerhalb der Gemeinde und sorgt für ein einheitliches Bewusstsein.

> **Wirkung messen**

Überwachung des Engagements: Daten und Kennzahlen sind nützliche Tools, um die Wirksamkeit von Sensibilisierungsinitiativen zu messen. Zukünftige

Taktiken werden durch die Analyse von Publikumseingaben, Engagement und Reichweite bestimmt.

Feedback-Schleifen: Durch die Einrichtung von Feedback-Kanälen können Sie eine kontinuierliche Kommunikation mit Ihrem Publikum ermöglichen und notwendige Korrekturen und Verbesserungen vornehmen.

> **Dynamik aufrechterhalten: Langfristige Strategien**

Strategische Planung: Wichtig ist die Nachhaltigkeit. Durch die Erstellung langfristiger Pläne wird sichergestellt, dass sich Sensibilisierungskampagnen entwickeln und im Laufe der Zeit relevant bleiben.

Mit der Zeit gehen: Anpassungsfähigkeit und Flexibilität sind unerlässlich. Die bewusste Anpassung an sich verändernde Bedingungen und soziale Dynamiken garantiert die Wirksamkeit von Sensibilisierungsprogrammen.

Präventionsstrategien

Aufklärung und Einwilligung

In diesem Kapitel wird der entscheidende Zusammenhang zwischen Zustimmung und Aufklärung untersucht und der Wert höflicher und gut informierter Interaktionen hervorgehoben. Die Förderung einer Kultur der Zustimmung, die Förderung einer gesunden Kommunikation und die Entwicklung gegenseitigen Respekts beginnen alle mit Aufklärung.

> **Grundlagen einer umfassenden Sexualerziehung: Über die reproduktive Gesundheit hinaus**

Umfassende Wahrnehmung: Die biologischen Faktoren der Fortpflanzung sind nur ein Teil einer umfassenden Sexualerziehung. Dazu gehören das Wissen über gesunde Beziehungen, das Erteilen von Erlaubnis, Kommunikationsfähigkeiten und emotionales Wohlbefinden.

Vielfältig und inklusiv: Eine umfassende Strategie fördert die Inklusion und stellt sicher, dass jeder verstanden und wertgeschätzt wird, indem sie eine Reihe von Identitäten, Orientierungen und Erfahrungen anerkennt.

> **Früh beginnen: Altersgerechter Lehrplan**

Entwicklungsangemessenheit: Durch altersgerechte Bildung werden die Informationen an die individuelle Stufe der kognitiven und emotionalen Entwicklung jeder Person angepasst.

Grundlagen schaffen: Vom Säuglingsalter bis zur Pubertät legt eine frühe Intervention den Grundstein für eine positive Einstellung, eine wirksame Kommunikation und ein klares Bewusstsein für Grenzen.

> **Mehr als ein einfaches „Ja" oder „Nein": Positive Zustimmung**

Zustimmung wird als wahre Zustimmung definiert, die über ein einfaches „Ja" oder „Nein" hinausgeht. Es handelt sich um eine leidenschaftliche, anhaltende und freiwillige Verpflichtung, an jeder Aktivität teilzunehmen, wobei anerkannt wird, dass jede Person frei ist, ihre Grenzen festzulegen und zu ändern.

Alles dreht sich um Kommunikation: Die Grundlage für Zustimmung ist effektive Kommunikation. Eine Kultur der Zustimmung entsteht durch die Förderung offener Kommunikation, Rücksprache mit Partnern und die Einhaltung von Grenzen.

> **Grenzen setzen**

Selbstbewusstsein: Bevor Menschen an intimen Aktivitäten teilnehmen, sollten sie sich darüber im Klaren sein, wer sie sind und wo ihre Grenzen liegen. Dank Aufklärung sollten sie in der Lage sein, ihre Grenzen klar zu erklären.

Grenzen respektieren: Bei der Aufklärung über Konsens wird großer Wert darauf gelegt, die Privatsphäre anderer zu respektieren und sicherzustellen, dass sich alle wohlfühlen.

> **Ausdrücke gemeinsamen Interesses finden: Nonverbale Hinweise interpretieren**

Körpersprache: Das Erkennen nonverbaler Hinweise ist für das Erlernen von Einwilligung unerlässlich. Die Teilnehmer müssen lernen, Körpersprache zu lesen und Hinweise zu erkennen, die auf Unbehagen oder gemeinsames Interesse hinweisen.

Wenn Sie Ihren Partnern beibringen, aktiv zuzuhören, verbessern Sie deren Fähigkeit, sowohl verbale als auch nonverbale Zeichen zu erkennen, und erreichen so ein tieferes Verständnis ihrer Ziele und Gefühle.

> **Herausforderungen und Nuancen**

Komplexe Situationen: Situationen, die Mehrdeutigkeit und Komplexität beinhalten, sollten in der Aufklärung über Einwilligung behandelt werden. Menschen brauchen Führung, wenn sie unklare Situationen aushandeln, den Wert kontinuierlicher Kommunikation erkennen und die Gefühle des anderen respektieren.

Substanzgebrauch und Einwilligung: Es ist wichtig, zu diskutieren, wie Substanzgebrauch die Einwilligung beeinflusst. In der Aufklärung sollte betont werden, dass schlechtes Urteilsvermögen es schwierig machen kann, freiwillig und informiert seine Einwilligung zu geben.

➤ Digitale Interaktionen

Zustimmung im digitalen Zeitalter: Online-Interaktionen sind Teil der Aufklärung über Zustimmung. Die Menschen müssen verstehen, wie wichtig es ist, in digitalen Umgebungen eine ausdrückliche, freiwillige Zustimmung zu geben und gleichzeitig den persönlichen Freiraum und die persönlichen Grenzen zu respektieren.

Digitale Kompetenz: Die Förderung digitaler Kompetenz fördert eine Kultur der Zustimmung sowohl in der virtuellen als auch in der realen Welt, indem sie Menschen dabei unterstützt, angemessen mit der Online-Kommunikation umzugehen.

➤ Umgang mit Einwilligungsverletzungen

Ermutigung zur Meldung: Aufklärung über das Einverständnis muss den Menschen das Selbstvertrauen geben, Verstöße zu melden, ohne Angst vor einer Verurteilung haben zu müssen. Die Entwicklung ermutigender Ressourcen und Meldesysteme garantiert, dass Überlebende die Hilfe bekommen, die sie benötigen.

Verantwortung der Gemeinschaft: In der Bildung sollte großer Wert darauf gelegt werden, wie Gemeinschaften Menschen für ihre Taten zur Verantwortung ziehen und eine gemeinschaftliche Anstrengung zur Schaffung sicherer Orte fördern.

> **Lebenslanges Lernen**

Kontinuierlicher Dialog: Das Erlernen von Zustimmung ist ein lebenslanger Prozess. Die Förderung ständiger Kommunikation, Selbstbeobachtung und Kenntnis sich ändernder Sitten und Gebräuche trägt dazu bei, eine Kultur zu schaffen, in der Zustimmung geschätzt wird.

Aktive Interessenvertretung: Menschen, die Aufklärung über Einwilligung erhalten, setzen sich für Veränderungen ein. Aktivismus sollte durch Aufklärung gefördert werden, indem Menschen dazu gebracht werden, soziale Konventionen in Frage zu stellen und die Einwilligungskultur in größeren Zusammenhängen voranzutreiben.

Sicherere Räume schaffen

Das Konzept sicherer Orte erstreckt sich auf viele Bereiche, von der realen bis zur virtuellen Welt, und fördert eine Atmosphäre, in der sich jeder wertgeschätzt und wohl fühlt

> **Inklusivität und Zugänglichkeit**

Universelles Design: Um sicherzustellen, dass sich Menschen aller Fähigkeiten problemlos in der Umgebung bewegen und sie nutzen können, sollten physische Umgebungen unter Berücksichtigung der universellen Zugänglichkeit gebaut werden.

Barrierefreie Badezimmer, Rampen und sensorisch ansprechende Einrichtungen sind Beispiele für integrative Einrichtungen, die auf die unterschiedlichsten Anforderungen zugeschnitten sind.

> **Notfallvorsorge und Sicherheitsverfahren**

Open-Source-Protokolle: Durch die Festlegung expliziter Sicherheitsverfahren wird das Engagement für die Sicherheit aller im Bereich Anwesenden kommuniziert. Die Menschen sollten über Sicherheitsvorkehrungen, Evakuierungswege und Notausgänge informiert werden.

Häufige Sicherheitsübungen: Indem sichergestellt wird, dass die Bewohner mit den Evakuierungsprotokollen vertraut sind, verbessern regelmäßige Sicherheitsübungen die Vorbereitung auf Notfälle.

> **Null Toleranz gegenüber Diskriminierung und Belästigung: Leitlinien und Umsetzung**

Umfassende Richtlinien: Die Durchsetzung strenger Antidiskriminierungs- und Antibelästigungsvorschriften fördert eine sichere Atmosphäre. Diese Richtlinien sollten weit verbreitet, frei verfügbar und energisch durchgesetzt werden.

Schnelles Handeln: Die Verpflichtung zur Wahrung einer sicheren Umgebung wird durch die Einrichtung von Systemen zur Meldung und zum schnellen Handeln bei Vorfällen von Belästigung oder Diskriminierung bekräftigt.

> **Berücksichtigung der psychischen Gesundheit**

Stigma-Reduzierung: Die Förderung einer Kultur, in der psychische Erkrankungen entstigmatisiert werden, hilft Menschen, Hilfe zu suchen, ohne Angst vor Verurteilung haben zu müssen.

Zugängliche Ressourcen: Das Angebot von Ressourcen wie Programmen zur psychischen Gesundheit, Beratungsdiensten und Bereichen zum Stressabbau verbessert das allgemeine Wohlbefinden der Bewohner.

> **Maßnahmen zur Cybersicherheit**

Datenschutz: Der Schutz personenbezogener Daten und die Förderung des Vertrauens in Online-Umgebungen werden durch die Implementierung starker Cybersicherheitsmaßnahmen erreicht.

Initiativen zur Aufklärung: Die Sensibilisierung der Benutzer für Online-Sicherheit, einschließlich der Identifizierung und Meldung von Cyber-Bedrohungen, trägt zur Entwicklung einer sicheren Online-Community bei.

> **Initiativen für Inklusion und Diversität**

Vielfalt widerspiegeln: Um sicherzustellen, dass sich jeder gesehen und geschätzt fühlt, müssen wir die Vielfalt in Führung, visueller Darstellung und Entscheidungsfindung aktiv fördern.

Inklusive Programmierung: Die Schaffung von Aktivitäten und Veranstaltungen, die viele Identitäten, Kulturen und Standpunkte berücksichtigen, fördert ein Gemeinschaftsgefühl.

> **Sensibilitätstraining**

Empathie und Verständnis: Indem wir Mitarbeiter und Community-Mitglieder über Inklusion und Sensibilität aufklären, fördern wir ein Umfeld der Empathie und des Verständnisses.

Konfliktlösung: Indem man den Menschen die Werkzeuge an die Hand gibt, die sie brauchen, um Konflikte einvernehmlich zu lösen, können Konflikte vermieden werden, bevor sie außer Kontrolle geraten.

> **Eingreifen von Zuschauern und Verbündete**

Training zur Intervention von Umstehenden: Durch die Förderung von Trainings zur Intervention von Umstehenden werden Menschen befähigt, anderen aktiv zu helfen und einzuschreiten, wenn ihre Sicherheit bedroht ist.

Verbündete : Die Förderung von Verbündeten ermutigt die Menschen, sich für die Sicherheit und das Wohlergehen gefährdeter Gruppen einzusetzen, was zur Förderung einer Kultur der gemeinsamen Verantwortung beiträgt.

> **Community-Feedback und kontinuierliche Verbesserung**

Feedback-Systeme: Die Schaffung von Möglichkeiten für Community-Input garantiert, dass sich der Bereich an die wechselnden Anforderungen und Sorgen seiner Benutzer anpasst.

Adaptive Strategien: Die Anwendung von Feedback zur Umsetzung adaptiver Strategien in die Praxis zeigt Ihr Engagement für die kontinuierliche Entwicklung und Ihr Gespür für die Dynamik der Gemeinschaft.

Teil 7: Vorwärtskommen

Herausforderungen im Heilungsprozess überwinden

Gesellschaftliche Barrieren abbauen

Das Ziel dieses Kapitels ist es, das komplexe Netzwerk sozialer Zwänge zu entwirren, die Gleichheit und Fortschritt behindern. Einzelpersonen können einen positiven Einfluss auf eine Gesellschaft haben, die integrativer und gerechter ist, indem sie sich dieser Hindernisse bewusst sind, sich ihnen stellen und sie beseitigen.

> **Identifizierung institutioneller Voreingenommenheit**

Institutionelle Strukturen: Der erste Schritt zur Beseitigung dieser tief verwurzelten Hindernisse besteht darin, die Existenz systematischer Vorurteile innerhalb von Institutionen, Gesetzen und Praktiken anzuerkennen.

Intersektionalität: Die Annahme einer intersektionalen Perspektive hilft dabei zu erkennen, wie verschiedene Arten von Diskriminierung Menschen betreffen und je nach ihrer unterschiedlichen Identität und Erfahrung auf unterschiedliche Weise beeinflussen.

> **Kampagne für politische Veränderungen**

Richtlinienanalyse: Um für Änderungen an Richtlinien zu plädieren, müssen bestehende Richtlinien ausgewertet werden, um Fälle von Diskriminierung zu finden und Änderungen vorzuschlagen, die die Inklusion fördern.

Mobilisierung der Gemeinschaft: Durch die Organisation von Gemeinschaften zur Unterstützung politischer Veränderungen erhalten Stimmen eine größere Plattform und gewährleisten, dass bei den vorgeschlagenen Veränderungen die Bedürfnisse und Sorgen der Menschen berücksichtigt werden, die direkt davon betroffen sind.

> **Initiativen zur wirtschaftlichen Stärkung**

Programme für Unternehmertum: Diese Initiativen bieten Wege zur wirtschaftlichen Stärkung, indem sie unterprivilegierten Bevölkerungsgruppen bei der Gründung und Führung eigener Unternehmen helfen.

Eintreten für gleiche Bezahlung: Um wirtschaftliche Ungleichheiten zu verringern und geschlechtsspezifische Lohnunterschiede zu beseitigen, ist das Eintreten für gleichen Lohn für gleiche Arbeit von entscheidender Bedeutung.

➢ Bildungsgerechtigkeit und Zugang

Gleichberechtigte Ressourcen: Abbau struktureller Barrieren, die die akademische Leistung beeinträchtigen, indem sichergestellt wird, dass Bildungschancen, Ressourcen und Unterstützung gerecht verteilt werden.

Abwechslungsreicher Lehrplan: Ein tieferes Verständnis von Geschichte und Kultur wird durch die Umsetzung eines umfassenden, abwechslungsreichen Lehrplans gefördert, der die Erfahrungen und Beiträge vieler Kulturen berücksichtigt.

➢ Zugang zur Gesundheitsversorgung für alle

Barrierefreie Gesundheitsversorgung: Die Förderung einer kostengünstigen Gesundheitsversorgung gewährleistet, dass alle Menschen, unabhängig von ihrer finanziellen Situation, eine qualitativ hochwertige medizinische Versorgung erhalten können.

Kulturell kompetente Behandlung: Die Förderung kultureller Kompetenz im Gesundheitssystem trägt dazu bei, sicherzustellen, dass Patienten mit unterschiedlichem Hintergrund eine zuvorkommende und effiziente Behandlung erhalten, während gleichzeitig Ungerechtigkeiten beseitigt werden.

➢ Reform des Strafrechts

Unterschiede bei der Strafzumessung: Rassistische und sozioökonomische Ungleichgewichte im Strafrechtssystem können durch die Unterstützung unparteiischer und gerechter Strafzumessungsrichtlinien angegangen werden.

Schwerpunkt auf Rehabilitation: Eine geringere Betonung von Strafmaßnahmen und mehr von Rehabilitation fördert einen gleichmäßigeren und gerechteren Umgang mit Kriminalität und senkt die Rückfallquoten.

> **Abbau von Stereotypen und medialen Darstellungen**

Medienkompetenz: Die Förderung der Medienkompetenz ermöglicht es den Menschen, sich kritisch mit den von den Medien aufrechterhaltenen Vorurteilen auseinanderzusetzen und ihnen entgegenzutreten.

Förderung unterschiedlicher Stimmen: Die Förderung unterschiedlicher Stimmen bei der Medienerstellung trägt dazu bei, eine integrative und wahrheitsgetreue Darstellung unterschiedlicher Bevölkerungsgruppen zu gewährleisten.

> **Brücken der Unterstützung bauen**

Verbündete lehren: Die Verbreitung des Bewusstseins für die Idee der Verbündeten fördert die Entwicklung von Unterstützungssystemen in verschiedenen Bevölkerungsgruppen und ein Gefühl der Einheit.

Marginalisierten Stimmen Gehör verschaffen: Um sicherzustellen, dass alle Standpunkte anerkannt und gehört werden, können Verbündete ihre Privilegien nutzen, um den Stimmen unterdrückter Bevölkerungsgruppen Gehör zu verschaffen.

> **Organisieren von Gemeinschaften und Grassroots-Bewegungen**

Stärkung der Gemeinschaft: Durch Gemeinschaftsorganisation und Basisbewegungen erhalten die Menschen die Möglichkeit, zusammenzuarbeiten, um soziale Hindernisse zu überwinden und Veränderungen von unten her voranzutreiben.

Nachhaltiger Aktivismus: Der Aufbau von Netzwerken, die Förderung von Resilienz und die Sicherstellung einer nachhaltigen Wirkung von Initiativen auf gesellschaftliche Strukturen sind notwendig für die Entwicklung nachhaltiger Aktivismusbewegungen.

Förderung des langfristigen Wohlbefindens

> **Ganzheitliche Gesundheitsverfahren**

Ganzheitliches Wohlbefinden: Der Grundstein ganzheitlicher Gesundheit liegt darin, die Zusammenhänge zwischen dem körperlichen, geistigen und emotionalen Wohlbefinden zu verstehen. Langfristiges Wohlbefinden wird durch Praktiken gesteigert, die den gesamten Menschen berücksichtigen.

Bewusstes Leben: Das Praktizieren von Achtsamkeitstechniken wie Yoga, Meditation und tiefer Atmung hilft Menschen, sich des gegenwärtigen Augenblicks bewusster zu werden, was Stress reduziert und das allgemeine Gleichgewicht verbessert.

➢ Bewegung und Ernährung

Ausgewogene Ernährung: Wenn Sie Wert auf eine gesunde, ausgewogene Ernährung legen, geben Sie Ihrem Körper die Nährstoffe, die er braucht, um seine geistige und emotionale Stabilität sowie seine körperliche Gesundheit zu fördern.

Regelmäßige Bewegung: Regelmäßige körperliche Aktivität bildet die Grundlage für langfristiges Wohlbefinden, verbessert die Stimmung, senkt das Stressniveau und unterstützt die Herz-Kreislauf-Gesundheit.

➢ Erhaltung der psychischen Gesundheit

Förderung der Belastbarkeit: Zur Entwicklung emotionaler Belastbarkeit gehört auch die Entwicklung von Bewältigungsstrategien, die Förderung optimistischen Denkens und die Akzeptanz von Flexibilität angesichts von Widrigkeiten.

Therapeutische Aktivitäten: Die Teilnahme an einer Beratung oder Psychotherapie kann beispielsweise bei der Stressbewältigung, bei psychischen Problemen und der Förderung des allgemeinen Wohlbefindens helfen.

➢ Sinnvolle Beziehungen aufbauen

Beziehungen sind wichtig: Der Aufbau tiefer Bindungen zu geliebten Menschen, Nachbarn und Gemeindemitgliedern verringert nicht nur das Gefühl der Einsamkeit, sondern bietet auch emotionale Unterstützung und fördert langfristige Zufriedenheit.

Kommunikationsfähigkeiten: Der Erwerb von Kommunikationsfähigkeiten stärkt die Bindungen zwischen Menschen und fördert Empathie, Verständnis und Gemeinschaftsgefühl.

➢ Work-Life-Balance: Wohlbefinden hat Priorität

Gesunde Grenzen: Erstens: Das Setzen von Grenzen zwischen dem Privat- und Berufsleben garantiert, dass den Menschen Zeit für Freizeit, Entspannung und glückliche, erfüllende Beschäftigungen bleibt.

Selbstpflegeroutinen: Das Einbeziehen von Selbstpflegeaktivitäten in den Alltag, wie z. B. Pausen einlegen, Hobbys nachgehen und ausreichend schlafen, fördert das langfristige Wohlbefinden.

> **Finanzielle Bildung**

Planung und Budgetierung: Stressabbau und Verbesserung der finanziellen Situation sind zwei Vorteile der Entwicklung von Finanzkompetenz und der Umsetzung solider Finanzplanungs- und Budgetierungstechniken.

Notfallvorsorge: Einrichten eines Notfallfonds und Erstellen von Plänen zur Verbesserung der finanziellen Sicherheit, die Stabilität und geistige Klarheit bieten.

> **Lebenslanges Lernen und persönliche Entwicklung**

Neugier und Lernen: Ob durch formale Schulbildung oder selbstgesteuertes Forschen – die Entwicklung einer neugierigen Haltung und das Streben nach lebenslangem Lernen fördert die menschliche Entwicklung und Entfaltung.

Ziele setzen: Das Setzen bedeutsamer Ziele und Maßstäbe gibt einem im Laufe seines Lebens ein Gefühl von Orientierung, Inspiration und Erfolg.

> **Nachhaltiges Leben**

Verbindung zur Natur: Das Verständnis der Beziehung zwischen Gesundheit und Umwelt hilft Menschen, ein nachhaltiges Leben zu schätzen.

Minimierung der Umweltbelastung: Die Entwicklung umweltbewusster Verhaltensweisen, wie etwa die Reduzierung von Abfällen und die sinnvolle Nutzung von Ressourcen, kommt sowohl dem individuellen als auch dem globalen Wohlbefinden zugute.

> **Freude und Freizeit verbinden**

Angenehme Aktivitäten: Die Einbeziehung von Freizeit und Vergnügen in das tägliche Leben, sei es durch künstlerische Betätigung, Hobbys oder einfach durch das Verbringen von Zeit mit geliebten Menschen, verbessert das allgemeine Wohlbefinden.

Dankbarkeit entwickeln: Dankbarkeit für die kleinen Freuden, Verbindungen und Erfolge des Lebens macht Sie glücklicher und verbessert auf lange Sicht Ihr Wohlbefinden.

Abschluss

Blick in die Zukunft: Ein Aufruf zum Handeln

Der Schluss dieses Buches dient als Schlachtruf, der Sie dazu ermutigt, die in den vorherigen Kapiteln gewonnenen Erkenntnisse in die Tat umzusetzen. Es ist eine Einladung, nicht nur über die persönliche Entwicklung nachzudenken, sondern auch aktiv eine Zukunft positiver Veränderungen und kollektiven Wohlbefindens zu gestalten.

> ➢ **Über persönliche Veränderungen nachdenken**

Wachstum anerkennen: Beginnen Sie damit, Dankbarkeit für persönliche Veränderungen auszudrücken und über die Lektionen nachzudenken, die Sie auf dieser Reise gelernt haben. Denken Sie an die gewonnenen Stärken, die gemeisterten Herausforderungen und das sich entwickelnde Selbstbewusstsein.

Führen Sie Ihre Geschichte in einem Tagebuch: Ermutigen Sie die Leser, ein Tagebuch zu führen und Momente des Triumphs, der Belastbarkeit und des persönlichen Wachstums festzuhalten. Das Dokumentieren dieser Geschichte kann als kraftvolle Erinnerung an die eigene Reise dienen.

➢ **Zielsetzung bewusst umsetzen: Vision für die Zukunft**

Persönliche Werte klären: Ermutigen Sie die Leser, ihre Grundwerte und Bestrebungen zu artikulieren. Welche Art von Zukunft stellen sie sich für sich und ihre Gemeinschaften vor?

SMART-Zielsetzung: Leitet Leser bei der Festlegung spezifischer, messbarer, erreichbarer, relevanter und zeitgebundener (SMART-)Ziele an. Dieser strukturierte Ansatz hilft dabei, Bestrebungen in umsetzbare Schritte umzusetzen.

➢ **Eine Wachstumsmentalität kultivieren**

Herausforderungen annehmen: Befürworten Sie eine wachstumsorientierte Denkweise – den Glauben, dass Fähigkeiten durch Hingabe und harte Arbeit entwickelt werden können. Fördern Sie die Bereitschaft, Herausforderungen als Wachstumschancen anzunehmen.

Lebenslanges Lernen: Inspirieren Sie die Leser, kontinuierlich nach Lernmöglichkeiten zu suchen, sei es durch formale Bildung, Workshops zum Kompetenzaufbau oder die Auseinandersetzung mit unterschiedlichen Perspektiven.

> **Förderung von Inklusivität und Gemeinschaft**

Inklusive Praktiken: Fordern Sie die Leser auf, die Inklusivität in ihren Gemeinschaften aktiv zu fördern. Dazu gehört, Vielfalt zu akzeptieren, Vorurteile in Frage zu stellen und Räume zu schaffen, in denen sich jeder gesehen und gehört fühlt.

Engagement in der Gemeinschaft: Fördern Sie die Teilnahme an Gemeinschaftsinitiativen, sei es durch Freiwilligenarbeit, Mentorenprogramme oder Gemeinschaftsprojekte zur Bewältigung gemeinsamer Herausforderungen.

> **Stimmen verstärken**

Engagement für soziale Gerechtigkeit: Motivieren Sie die Leser, sich für sozialen Wandel einzusetzen. Dazu gehört die Sensibilisierung für systemische Probleme, die Stärkung marginalisierter Stimmen und die aktive Unterstützung von Initiativen, die Gerechtigkeit fördern.

Teilnahme an Bewegungen: Inspirieren Sie das Engagement in Bewegungen für soziale Gerechtigkeit und betonen Sie, dass kollektives Handeln eine wirksame Kraft für gesellschaftliche Veränderungen ist.

➢ **Umweltschutz**

Nachhaltige Praktiken: Fordern Sie Umweltschutz durch die Einführung nachhaltiger Praktiken im Alltag. Dazu gehören die Reduzierung von Abfällen, die Erhaltung von Ressourcen und die Unterstützung umweltfreundlicher Initiativen.

Für Veränderungen eintreten: Ermutigen Sie die Leser, sich für Richtlinien und Praktiken einzusetzen, die den Umweltschutz fördern, und erkennen Sie dabei den Zusammenhang zwischen dem Wohlergehen der Umwelt und dem Gedeihen der Menschheit an.

➢ **Gesunde Beziehungen pflegen**

Beziehungsgesundheit: Betonen Sie, wie wichtig es ist, gesunde Beziehungen zu pflegen, die auf Kommunikation, Empathie und gegenseitiger Unterstützung basieren. Gesunde Beziehungen tragen zum persönlichen Wohlbefinden und zum Wohlbefinden von Gemeinschaften bei.

Fähigkeiten zur Konfliktlösung: Bietet Anleitung zur Entwicklung effektiver Fähigkeiten zur Konfliktlösung, zur Förderung der Belastbarkeit in Beziehungen und zum Beitragen zu einer positiven sozialen Dynamik.

> **Stärkung des Geistes**

Unterstützung von Bildungsinitiativen: Ermutigen Sie die Leser, zu Bildungsinitiativen beizutragen, sei es durch Mentoring, Stipendienprogramme oder das Eintreten für inklusive und zugängliche Bildung.

Kultur des lebenslangen Lernens: Setzen Sie sich für eine Kultur des lebenslangen Lernens ein und erkennen Sie an, dass Bildung ein wirksames Instrument zur Selbststärkung und zum gesellschaftlichen Fortschritt ist.

> **Technologie für das Gute nutzen**

Verantwortungsvoller Umgang mit Technologie: Erkennen Sie die Rolle der Technologie bei der Gestaltung der Zukunft an und fordern Sie die Leser auf, sie verantwortungsvoll zu nutzen. Dazu gehört die Förderung digitaler Kompetenz, die Bekämpfung von Fehlinformationen und das Eintreten für ethische Technologiepraktiken.

Innovationen für soziale Wirkung: Inspirieren Sie die Leser, Möglichkeiten zu erkunden, wie Technologie für soziale Wirkung genutzt werden kann, und fördern Sie Innovationen, die gesellschaftliche Herausforderungen angehen.

> **Aktive Bürgerschaft**

Wählen und bürgerschaftliches Engagement: Betonen Sie die Bedeutung bürgerschaftlichen Engagements, einschließlich der Teilnahme an Wahlen, der Teilnahme an Gemeindeforen und der Information über lokale und globale Themen.

Für Veränderungen eintreten: Erinnern Sie die Leser daran, dass aktive Bürgerschaft auch das Eintreten für Maßnahmen beinhaltet, die mit den Werten im Einklang stehen und zum Gemeinwohl beitragen.

> **Erfolgsgeschichten teilen**

Inspiration verbreiten: Ermutigen Sie die Leser, ihre Erfolgs- und Transformationsgeschichten zu teilen. Diese Geschichten dienen als wirkungsvolle Werkzeuge, um andere zu inspirieren und einen Welleneffekt positiver Veränderungen auszulösen.

Digitale Plattformen und Community-Aufbau: Heben Sie die Rolle digitaler Plattformen bei der Verbreitung persönlicher Erzählungen und der Förderung von Online-Communitys hervor, die Einzelpersonen auf ihren Reisen unterstützen und ermutigen.

Ressourcen für Überlebende

Die hier beschriebenen Ressourcen reichen von der psychischen Unterstützung bis hin zum Rechtsbeistand und sollen denjenigen, die sich auf dem Weg zur Genesung befinden, als Stütze dienen.

> **Psychische Gesundheit und Beratungsdienste**

Individuelle Beratung: Der Zugang zu individuellen Beratungsdiensten bietet Überlebenden einen sicheren Raum, um ihre Erfahrungen zu erforschen und zu verarbeiten, Bewältigungsstrategien zu entwickeln und auf die Heilung hinzuarbeiten.

Gruppentherapie: Gruppentherapiesitzungen bieten eine unterstützende Gemeinschaft, in der Überlebende mit anderen in Kontakt treten können, die dieselben Erfahrungen gemacht haben, und so ein Gefühl der Solidarität und des Verständnisses fördern.

> **Krisen-Helplines und Hotlines**

24/7-Hotlines: Krisen-Hotlines bieten sofortige und vertrauliche Unterstützung für Personen in Not. Ausgebildete Fachkräfte stehen bereit, um ein offenes Ohr zu haben, Krisenintervention zu leisten und über verfügbare Ressourcen zu informieren.

Text- und Online-Chat-Dienste: Einige Helplines bieten Text- und Online-Chat-Optionen und stellen so alternative Kommunikationsmittel für diejenigen bereit, denen das Telefonieren schwerfällt.

> **Rechtliche Unterstützung und Interessenvertretung**

Rechtshilfeorganisationen: Bringen Sie Opfer mit Rechtshilfeorganisationen zusammen, die sich auf Fragen im Zusammenhang mit sexuellen Übergriffen spezialisiert haben. Diese Organisationen können Beratung zu Rechtsansprüchen, Hilfe bei Schutzanordnungen und Unterstützung während des gesamten Gerichtsverfahrens bieten.

Opferanwälte: Ausgebildete Opferanwälte können emotionale Unterstützung bieten, Überlebende vor Gericht begleiten und dabei helfen, sich im Rechtssystem zurechtzufinden. So können sie dafür sorgen, dass sich die Überlebenden gestärkt und informiert fühlen.

> **Zugang zur Gesundheitsversorgung**

SANE-Programme: Sexual Assault Nurse Examiner (SANE)-Programme bieten spezialisierte medizinische Versorgung und forensische Untersuchungen für Opfer. Bei diesen Programmen stehen das Wohlbefinden und die Zustimmung der Opfer während des gesamten Untersuchungsprozesses im Vordergrund.

Kliniken für sexuelle Gesundheit: Der Zugang zu Kliniken für sexuelle Gesundheit stellt sicher, dass Überlebende eine umfassende medizinische Versorgung erhalten, einschließlich Tests auf sexuell übertragbare Infektionen und Zugang zu Präventivmaßnahmen.

Teilen Sie Ihre Gedanken

Sehr geehrte Leserin, sehr geehrter Leser,

Vielen Dank, dass Sie sich auf die Reise durch die Seiten von „Psychologie des Traumas durch sexuellen Missbrauch" begeben. Ihre Auseinandersetzung mit diesem Buch wird zutiefst geschätzt und Ihre Gedanken sind uns wichtig.

Wir laden Sie ein, uns Ihr Feedback mitzuteilen und eine Rezension zu hinterlassen, damit wir besser verstehen, wie dieses Buch bei Ihnen ankommt. Ihre Erkenntnisse können dazu beitragen, eine unterstützende Gemeinschaft für diejenigen aufzubauen, die ihren Weg des Triumphs und der Transformation beschreiten.

So hinterlassen Sie Ihr Feedback und Ihre Bewertung:

- Scannen Sie den unten angegebenen QR-Code mit der Kamera-App Ihres Smartphones oder einer QR-Code-Scanner-App.

- Nach dem Scannen werden Sie auf die Seite des Autors weitergeleitet.

- Scrollen Sie nach unten, um den Abschnitt zum Hinterlassen einer Bewertung zu finden.

Ihr Feedback ist von unschätzbarem Wert und wir freuen uns darauf, Ihre Meinung zu hören. Nehmen Sie sich als Zeichen unserer Wertschätzung einen Moment Zeit, um die Seite des Autors nach weiteren Werken zu durchsuchen, die Ihr Interesse wecken könnten. Ihre Unterstützung bedeutet uns die Welt.

Vielen Dank, dass Sie Teil dieser Lesergemeinschaft sind und uns auf unserem Weg zu mehr Selbstbestimmung und Resilienz begleiten.

Mit Dankbarkeit,

Der Makellose Dave